关于调查研究和文稿起草问题

刘应杰◎著

中国言实出版社

图书在版编目(CIP)数据

关于调查研究和文稿起草问题 / 刘应杰著 . -- 2 版
（修订版）. -- 北京：中国言实出版社,2023.5
　　ISBN 978-7-5171-4453-3

　　Ⅰ.①关… Ⅱ.①刘… Ⅲ.①调查报告－写作 Ⅳ.
①H152.3

　　中国国家版本馆 CIP 数据核字（2023）第 068992 号

关于调查研究和文稿起草问题

出　版　人：冯文礼
责任编辑：郭江妮
责任校对：王建玲

出版发行：中国言实出版社
　　　　　地　　址：北京市朝阳区北苑路180号加利大厦5号楼105室
　　　　　邮　　编：100101
　　　　　编辑部：北京市海淀区花园路6号院B座6层
　　　　　邮　　编：100088
　　　　　电　　话：010-64924853（总编室）　　010-64924716（发行部）
　　　　　网　　址：www.zgyscbs.cn　电子邮箱：zgyscbs@263.net

经　　销：新华书店
印　　刷：北京温林源印刷有限公司
版　　次：2023年5月第1版　　2023年5月第1次印刷
规　　格：710毫米×1000毫米　1/16　17印张
字　　数：183千字

定　　价：58.00元
书　　号：ISBN 978-7-5171-4453-3

作者简介

刘应杰，国务院研究室专题调研组组长，博士，研究员。兼任国务院研究室与中国科学院共建的中国创新战略和政策研究中心副主任。中国社会科学院研究生院博士研究生毕业，获法学博士学位。历任中国社会科学院当代中国研究所研究员，重庆涪陵市副市长，国务院研究室综合研究司副司长、巡视员，信息研究司司长。主要从事政策研究和决策咨询工作，涉及宏观经济、区域战略、社会发展等方面，参与了党中央、国务院许多重要文稿起草和重大经济社会问题的调查研究。出版有《中国经济发展战略研究》、《中国城乡关系与中国农民工人》、《中国的发展战略和基本国策读本》、《中国社会现象分析》、《社会学家访谈录丛书》、《中国生态环境安全》等著作。

做好调查研究工作
应注意把握的若干问题

（序）

黄守宏

调查研究是人们认识世界的基本途径，是党和政府准确把握形势、进行科学决策的前提和基础。党中央历来高度重视调查研究，历代党和国家领导人对调查研究都有深刻阐述和精辟论断。习近平总书记强调，调查研究是谋事之基、成事之道；没有调查就没有发言权，没有调查就没有决策权；正确的决策离不开调查研究，正确的贯彻落实同样也离不开调查研究；调查研究不仅是一种工作方法，而且是关系党和人民事业得失成败的大问题；调查研究是获得真知灼见的源头活水，是做好工作的基本功；要在全党大兴调查研究之风。习近平总书记这些重要论述，为我们开展调查研究、做好各项工作提供了根本遵循。国务院研究室承担着建言献策、撰写文稿等重要职责。要完成好这些任务，首先要做好调查研究。欲寻安邦策，须行万里路。只有在深入调研基础上，才能提出符合实际、切实可行的决策建议，也才能汲取各方面智慧和群众的鲜活语言，起草出思想深刻、鲜明生动的文稿。我们每一位同志都要深入学习贯彻习近平总书记关于调查研究的重要论述精神，紧紧围绕党中央、国务院的中心工作，既仰望星空又脚踏实地，深入实际调查研究，以笔杆子报效党和人民。

一、做好调查研究非易事，须根底扎实立场正确

做好调查研究工作，关键要在求真务实上下功夫，即调查要求真、研究要务实。所谓调查要求真，就是要通过深入的调查和科学的分析，全面了解经济社会发展的真实情况，准确把握面临的突出矛盾和问题，深刻认识经济社会的变化趋势和阶段性特征，切实弄清人民群众的所思所盼。所谓研究要务实，就是提出的政策建议要可用、能用、管用，即有针对性、可操作性。简言之，调查研究要求实情、讲实话，出实招、务实效。

求真务实说起来容易，做起来难。一方面，我们所要认知的经济社会纷繁复杂，各地情况千差万别、千变万化；另一方面，我们自身的能力和水平存在着局限性，调研过程中还往往会受到各种因素的制约和干扰。哪一个环节出问题，都不会走向真理。毛泽东曾讲过："认识世界，不是一件容易的事。马克思、恩格斯努力终生，做了许多调查研究工作，才完成科学的社会主义。"

调查研究要做到求真务实，需要坚持以下几点。一是要有求真务实之"心"。态度决定一切。调研者只有发自内心想求真务实，才会克服各种困难，千方百计去了解真实情况，聚精会神研究问题。倘若不是这样，面对复杂问题就会绕道而行，遇到某种干扰就会犹豫不决，碰到些许困难就会浅尝辄止。二是要有求真务实之"勇"。在利益关系多元化、各方面认识不尽一致的情况下，调查和反映真实情况、提出自己的意见和建议，可能会与一些领导干部的看法、重要部门的看法不同甚至相左，可能会得罪人，有时还要付出一定的代价，这就需要调研者有无私无畏的勇气、坚韧不拔的毅力。三是要有求真务实之"法"。这就要解决好"桥"和"船"的关系，即调研方法问题。只有方式方法得当，才可事半功倍，否则就会事倍功半甚至劳而无功。四是要有求真务实之"能"。调查研究能否成功与调研者的素质密切相关。我们要以习近平新时代中国特色社会主义思想为指导，在全面提高自身素质上下一番大功夫、真功夫、苦功夫，切实打好一些基本根底，包括打好政治方向和基本理论的根底，打好国家政策和法律法规根底，打好各领域业务知识的根底，打好基本调查研究方法的根底，打好思想素质和品格的根底，打好辞章和文字的根底。

做调查研究工作，立场问题至关重要。同样的问题，站在不同立场会有不同的看法和结论。总体来说，我们要立足于党和国家战略全局，从广大人民群众的长远和根本利益出发来分析和观察问题，提出意见和建议。由于我国城乡、区域发展不平衡，不同群体在思想观念、利益诉求等方面有很大的差异甚至有时候是截然相反的。在现实生活中，不同群体的话语权和影响力是不同的。一些群体在利用大众传播渠道特别是互联网表达诉求、维护利益方面的声音强、社会影响力大，而普通群众特别是一些弱势群体表达自身诉求和维护权益的能力弱、社会影响力也小。在这种情况下，作为政策研究人员，确实需要统筹考虑各方面的诉求，但更多要站在普通群众立场来思考问题，从维护他们利益的角度来提出建议。这样做，实际上就是秉持公平正义的立场，是对党和人民事业最大的负责。

二、着眼决策需要，选准调研题目

选题是调查研究的起点，选题是否恰当，往往决定调查研究的成败。这如同开矿一样，地方选准了，可相对轻松地开掘出丰富的矿藏；选不准，就可能劳而无功，一无所获。党政机关搞调研，有别于学术研究单位，目的是服务决策、推动解决问题，属于对策性调研。文可载道，以用为贵。只有选准选好调研题目，有的放矢，才能进入决策者视野，发挥应有的作用。现在需要研究和解决的问题很多，必须突出重点、把握关键。我体会，应围绕以下几个方面来选题：领导同志近期比较关心的问题，改革开放和经济发展中的重点和难点问题，社会上关注的热点问题，群众反映强烈的问题，各方面争议比较大的问题，带苗头性、倾向性和趋势性的问题，重大部署、重大政策出台前各方面的反映、实施中应注意的问题以及出台后的落实情况等。以上这些，一般都是党和政府关注的重点，从中选择和确定调研的具体主题，就比较容易引起决策者的重视并予以采纳，收到比较好的效果。从调研的切入点看，有时可以"大题小做"，有时也可以"小题大做"。所谓"大题小做"，就是把一个很大的问题，通过选择有代表性的个案，或者选择其中的一个侧面来开展调研，以小见大，一叶知秋。所谓"小题大做"，就是抓住某个方面或局部的问题做调研，进而延伸阐发，从中提炼出对宏观大局的建议。

三、切实掌握实际情况，精心研究提出对策

调研题目确定之后，就要着手进行调查研究。调查研究大体上可分为设计、调查和研究三个阶段，但这三个阶段密不可分、相辅相成，有着有机的、逻辑的内在统一性。设计阶段要围绕调研主题，对整个调研工作进行粗线条的勾画，包括采取什么样的调查方式方法、了解哪些方面的情况以及可能的结论；调查阶段要根据研究需要了解情况、搜集相关材料，还要初步进行分析研究、考虑对策建议；研究阶段往往需要补充材料、进行延伸调查。只有整体考虑、环环相扣、前后照应，才能很好地完成从具体到抽象、再由抽象到具体的逻辑思维全过程和调查研究工作任务。

第一，做好调研设计。正如建高楼大厦要先有设计一样，

关于调查研究和文稿起草问题

搞调研也得有设计、有充分的准备，才能有的放矢、有序进行。否则，可能就是该调研的问题没调查清楚，该收集的素材没有收集到，该挖掘的问题没有达到应有的深度，到撰写调研报告时不得不东拼西凑、陷入被动。具体要注意以下几点：一是尽可能收集已有相关调研成果。我们国家研究经济社会发展问题的机构很多，几乎所有的重大问题，都有人研究过。充分了解和掌握别人已有的调研成果，可以从中了解很多情况，以免从头开始、重复劳动、浪费时间和精力，而且知道别人有什么观点、其得失所在、还有哪些空间可以拓展，这样才可能有突破和创新性的观点。二是初步梳理调研主题中存在的重点和难点问题。只有心中有数，带着问题去调研，才能使调查更加深入、直击要害，而不至流于表面、止于现象，才能使搜集到的材料有用管用，避免做大量无用功。三是可以预先作出一些假设。学术性研究一般都要先有假设，然后进行检验和求证，以证实或证伪假设，即所谓的大胆假设、小心求证。搞对策研究也可如此。通过平时掌握的情况和已有材料的分析，形成一些初步观点，然后通过实地调查去印证哪些观点是符合实际的，哪些是需要修正和完善的，哪些是根本行不通的。但决不能把假设作为定论，按图索骥，搞"论证式"调研，材料合之则用、不合则弃，这就违背了调研工作的起码要求，是极为有害的。所有观点的定夺应以实际调查情况为依归，避免主观主义和形而上学。正如毛泽东所说的："一切结论产生于调查研究的末尾，而不是它的先头。"

第二，深入进行调查。调查搞得好不好，主要取决于态度和方式方法。调查方式方法有多种多样，应根据调研主题来选择，有时可能要使用多种方式方法相互印证。这些年，我搞调查的基本方式是，先选择具有典型性和代表性的若干地方的农村、企业等基层单位，待上几天"解剖麻雀"，全面了解情况，掌握第一手资料，然后再听取县、市、省有关同志的意见，回京后再与有关部委同志进行商讨。通过多层次、多方位、多渠道、立体式调查，可以最大限度地全面、客观了解真实情况，减少片面性。我感到，其中最为重要的是"解剖麻雀"。过去老一代领导人常用这种方式调研，有的在一个村庄、一个企业等基层单位住很长时间。现在人们慢慢地用得少了，代之以其他调查方式。其实"解剖麻雀"式的调查感受直接、体验深刻、互动性强，这是其他调查方式难以替代的。只有面对面与基层干部群众交流，"问问家长里短事，听听鸡毛蒜皮言"，实地察看情况，才会有切身的体会和感受。这种感性认识在判断形势、研究政策时往往起着很重要的作用。调查时要有一种"打破砂锅问到底"的精神，对感觉有用的信息和材料要认真核对，对一些认为有价值的线索要把来龙去脉搞清楚，不能浅尝辄止、听风就是雨。搞调查免不了要提问，方式和技巧很重要。要因情而定，随机应变，或开门见山、直来直去，或投石问路、先做试探，或竹笋剥皮、层层深入，或枯井打水、一竿到底，或耐心开导、循循善诱，或旁敲侧击、弦外听音。总之，要营造轻松的氛围，打消群众的顾虑，使他们能够畅所欲言，否则就听不到实话、真话。

第三，用科学方法进行研究。通过调查取得了丰富的第一手材料，对如何解决问题也有了初步的意见，在"研究"这一环节就要运用科学方法，对材料进行分析概括和逻辑加工，在此基础上提出政策建议。要看到，我们调查的毕竟是部分地方，不一定代表全国；看到的毕竟是局部的情况，不一定代表一般；听到的毕竟是部分人的观点，不一定代表大多数；初步的意见毕竟是粗线条的，不一定具有可行性与操作性。这就需要进行一番"去粗取精，去伪存真，由此及彼，由表及里的改造制作功夫"，对材料进行分类、归纳、综合，以透过现象把握本质，对观点和建议进行推敲、提炼、完善，使之具有可行性和操作性，从而实现从感性认识到理性认识的飞跃。对发现的情况和问题要"区别性质"，辨识出是局部性的还是全国性的、是偶发性的还是趋势性的、是偏离还是符合发展方向的，等等。研究解决问题的建议时要"居高临下"，立足经济社会发展全局来分析和思考，准确判断潮流所在和大势所趋，既要考虑其必要性，也要考虑现实可行性，还要进行国际比较，看看外国面对类似问题是怎么做的。有时还要考虑如果不采取措施会有什么后果。上述过程往往不是一次能完成的，需要进行多次交换、比较、反复，才能达到观点和材料的统一、归纳和演绎的统一、依据和判断的统一、典型和一般的统一。

还要指出的是，在分析研究和提出建议时，必须坚持实事求是的思想路线，像陈云同志所倡导的"不唯上、不唯书、只唯实"。从我自己的体会来说，还要做到两点。一是不唯众。要勇于独立思考，不随大流、人云亦云，不为多数人不符合客观实际的看法所左右。二是不唯己。不囿于个人成见，敢于否定自己不切实际的观点。要解放思想，更新观念，以新的思维方式、用新的研究手段、从新的角度研究问题，提出解决问题的新思路和新办法。

四、认真撰写调研报告，努力发挥应有作用

调研成果最终体现在调研报告上。报告写得如何，直接决定调研成果的成效。如果调研报告写得不好，即使调查再全面、研究再深入，也可能打动不了领导，就发挥不了应有作用，甚至前功尽弃。领导关注什么样的报告？大体是领导不了解或者了解不多的重要情况，通过你的报告领导全面了解了；领导正在思考研究一些重大问题时，你的报告及时提出了可行的办法。这就要求我们努力做个高明的厨师，站在全局和领导者的角度考虑问题，想领导者之所想、之未想。

要写好调研报告，必须在内容和形式上都下功夫，把握主题、突出主线、抓住重点，做到"凤头""熊腰""豹尾"。"凤头"就是要开门见山，引人入胜。"熊腰"就是内容要充实丰满，结构要严谨，条理要清晰。"豹尾"就是政策建议要切实可行、能用管用。一般说来，需要注意以下几个方面：一是突出一个主题。调研时可能涉及面很广，但写作时不一定要这样做。一

个报告最好是围绕一个主题来展开。否则报告内容庞杂、面面俱到，容易失之于肤浅。在这种情况下，可以考虑写成系列报告，每一个报告突出一个方面的问题。二是优化结构布局。根据表达调研主题的需求，选择合适的文体和结构，统筹好材料和观点。既可以写成论证性的，围绕一些观点和建议来层层展开，也可以写成纪实性的，寓观点和建议于生动的事实之中。报告的结构可以不拘一格。最常见的是三段式：基本情况、存在的问题及原因、政策建议。这种结构的好处是条理清晰、整体感强，但把观点和材料、论点与论据前后分开，不容易看出内在逻辑和因果关系，也往往给人公式化、"八股文"的感觉。也可以采用另外一种结构，即分成若干部分，每一部分有情况、有分析、有建议。三是精心选择例证。调研的材料很丰富，不能也不必都写进报告，要注意取舍。首先要有用，不管材料多么生动，如果与主题关系不大，就应舍弃，决不可因偏爱而损害了主题。其次要真实，不能使用未经核实的甚至虚假的材料。第三要新颖，用新事例、新材料、新数据、新语言、新概括，让人看了耳目一新。第四要典型，具有代表性，可以一当十，用尽可能少的材料说明问题。四是反复推敲文字。写调研文章不应过多雕饰、过于华丽，不要用词生僻、晦涩难懂，也不能过于平淡或空话套话连篇，而要准确、鲜明、生动、朴实，特别要注意运用群众的鲜活语言。即使讲道理，也要寓理于事实之中，不能搞纯粹的理论推理。要让人看得懂、愿意看，看了以后还津津乐道、回味无穷。其中，要注意斟酌标题。俗话说，"文章要好，标题要巧"，"看人先看眼，看文先看题"。对于调研报告来说，如果大小标题贴切、新颖、生动、简洁，就如同画龙点睛，一下子就能抓住领导的注意力。五是提倡写短报告。领导同志日理万机，很难有时间读长篇大论。调研报告要惜墨如金，力求短小精悍、简明扼要、简洁明快，意到言到、意尽言止，千万不要空泛议论、冗长乏味，动辄洋洋万言，让人到沙堆中淘金捡宝。我们报送的调研材料多在二三千字左右，有的只有几百字。六是要讲求时效性。我们搞调研不是为了发表文章，而是为领导决策服务，时效性非常重要。因为情况在不断变化，领导的注意力也在不断变化。如果在领导关注、研究某些问题的时候，及时拿出报告、反映信息、提出建议，就会发挥很大的作用；否则，写得再精彩、再深刻，也用处不大，等于放了"马后炮"。在调研过程中，若发现重大问题、重要信息需要反映的，就及时反映，不必等全部工作完成后再搞。

调查研究既是科学，也是艺术。我们要把握好习近平新时代中国特色社会主义思想的世界观和方法论，坚持好、运用好贯穿其中的立场观点方法，在实践中积极探索，及时总结经验教训，不断提高调研水平，为党和政府决策多出主意、出好主意，更好发挥"智囊团""参谋部""思想库"作用。

（作者系国务院研究室党组书记、主任）

目 录

调查研究和文稿起草

调研报告

附　录

调查研究和文稿起草

关于调查研究问题

今天来国务院参事室培训班，讲一下关于调查研究问题。国务院参事室经常围绕党和政府关心的重大问题，开展调查研究，提供决策咨询和政策建议，发挥着重要作用。国务院研究室与参事室关系很密切，经常看到参事室的调研成果。国研室主要是为国务院领导同志服务，从事政策研究和决策咨询工作，调查研究是其中的一项重要内容。这里，我结合自己的调研工作感受和体会，谈一些看法，与大家一起交流。

第一个问题：调查研究是行政工作的基本功

调查研究是一项基本的工作方法。行政部门制定政策、布置工作、检查落实任务等，都涉及调查研究问题。习近平总书记指出："调查研究是谋事之基、成事之道。"他还指出，调查研究不仅是一种工作方法，而且是关系党和人民事业得失成败的大问题。重视调查研究，是我们党在革命、建设、改革各个历史时期做好领导工作的重要传家宝。调查研究的过程，是领导干部提高认识能力、判断能力和工作能力的过程。领导干部不论阅历多么丰富，不论从事哪一方面工作，都应始终坚持和不断加强调查研究。学习和掌握正确方法，努力提高调查研究水平和成效。

毛泽东有句名言："没有调查就没有发言权。"他说："你要知道梨子的滋味，你必须亲口尝一尝。"《毛泽东选集》第一卷开头两篇，一篇是《中国社会各阶级的分析》，一篇是《湖南农民运动考察报告》，都是调查研究的经典之作，回答了中国革命的根本问题，即革命的领导力量、团结对象和同盟军问题。没有这些思想理论认识，就不可能有农村包围城市的中国革命道路。

调查研究具有普遍适用性。人们一般在生活中也经常进行调查研究，这实际上也是了解情况、分析比较、作出判断、最后决策的过程。比如，我们到商场买鞋子，你要问清品牌、型号、质量、价格等，要跑好几个商店、好多个柜台才会决定买，这样你才会买到最合适的鞋子。买一套房子更是这样，你要跑很多地方去看，考虑距离远近、周围环境、房间大小、结构、质量，更重要的是价格，还有付款方式、办理手续、交付时间等，都要搞清楚才会出手。一个人找对象，要进行选择、比较、深入考察，广泛征求意见，最后作出决定。这些工作做不好的话，可能会影响一辈子。甚至炒股票，不但要调查，更重要的是研究，哪只股票好，上涨的空间有多大，拥有哪个行业的股票，股票结构如何配置，确定什么时机出手，等等，都要考虑和决定。这些真正调查研究透了不容易，因为受到影响的因素很多，变量太大，相互交织在一起，还有信息的不对称性。有一位老同志说，打麻将也是调查研究，我觉得有道理，13张牌的排列组合，你要随时掌握出牌的情况，判断上家、下家、对门的情况，研究如何以最优的方式赢牌，还要防止其他人赢牌，所谓"知己知彼，百战不殆"。

许多工作也都与调查研究密切相关。比如，公安刑侦破案，需要周密的调查研究，特别是寻找证据和推理判断。纪检干部办案，需要调查研究，作出分析判断。医生看病诊断，实际上也是调查研究的过程，特别是疑难杂症，要详细地了解病情状况，具备丰富的医学知识和经验，进行科学的研究，才能得出正确的结论。

对于政府部门的工作更是如此。各个部门都需要经常进行调查研究，了解分析各方面的情况，及时提出政策建议，发现问题和解决问题，推动工作进展和政策落实。比如，我们出一个调研题目：北京市大气污染今年与去年相比有什么变化？是变好了还是变坏了？有多大变化？分析为什么？找到解决问题的办法。还有，如何治理北京的交通堵塞问题？这些都是具体的问题。还有比较大的问题，如中国下一步改革的突破口在哪里？如何推进土地管理制度改革？如何推进金融体制改革？等等。如果是这样的调研题目，如何进行调研才能取得预期成果？

这里我们要提出一个调查研究本身的问题：人们在日常生活和工作中都涉及调查研究，那么是不是每个人只要具有生活常识和工作经验，就可以搞好调查研究了呢？也不是的。一般性调查研究不同于科学的调查研究，这就涉及了常识与科学的区别。国外社会学专业有一门课专门讲社会调查研究方法，有一个教授刚上课时他就进行了一次考试，题目很简单，是关于自杀问题的。因为社会学史上有一本经典著作，就是法国著名社会学家迪尔凯姆的《自杀论》的，是专门研究自杀问题的。这个教授考试的题目是：你认为男人自杀的多还是女人自杀的多？年轻人自杀的多还是老年人自杀的多？农村人自杀的多还是城市人自杀的多？生活富裕的人自杀的多还是生活贫穷的人自杀的多？等等，一共20多个判断题。结果大大出乎人们的意外，人们平时以为正确的东西反而不少是错误的。比如，大量的调查研究证明，生活富裕的人和生活贫穷的人在选择自杀上没有显著区别，反而在调查中发现了一个有意思的现象，就是在各种社会群体中有一个群体的自杀率是最低的，人们一般想到的是宗教群体，结果是什么？乞丐，真正的一无所有的乞丐，不是骗吃骗喝的乞丐骗子。教授进行这个考试，就是为了说明，虽然人们都在社会中生活，如果没有进行系统科学的调查研究，仅仅凭借常识和经验作出判断，有时候可能是正确的，但并不往往都是正确的，涉及复杂的问题甚至可能还是错误的。

一部科学发展史，就是一部发现真理、纠正谬误的历史。在很大程度上，也是彻底改变人们日常生活常识和经验的历史。最突出的例子，就是哥白尼发现的"太阳中心说"。人们几千年来都是亲眼见到太阳从东边出来，到西边落下去，太阳是绕着地球转的。但哥白尼通过大量精确观测和科学研究，提出了一个真正颠覆性的完全相反的见解，地球是绕着太阳转的，这在当时是够惊世骇俗的了。罗马天主教廷认为这违反了《圣经》，对他进行迫害。后来，布鲁诺宣扬哥白尼学说，也被教会活活烧死。可见，为了获得真理需要冲破多么大的阻力，付出多么大的代价。

科学不同于常识，科学的调查研究也不同于一般的调查研究。其区别主要表现在：一是常识往往看到的只是事物的表面现象，而没有达到对事物的本质认识，而本质的东西有时候可能被表面的现象所掩盖。二是常识往往容易认识简单现象，而不大容易认识复杂现象，对于非常复杂的现象则必须进行科学系统的观察和研究。三是常识往往看到的只是偶然现象，经验再多也总是有限的，难于穷尽无限的可能性，科学则达到了对事物的普遍性认识，不会被偶然现象所左右，从而达到认识规律性的高度。

因此，我们讲调查研究，就不能局限于一般性的调查研究，而要达到科学的调查研究的水平，把它作为一种科学研究的方法。从这个意义上说，调查研究与科学研究是相通的，遵循的是科学研究的一般性规律和方法。建议大家多看一些有关科学研究方法的书，还有调查研究方法、统计分析方法，甚至概率论与数理统计等方面的书。这些都有助于我们加深对科学的调查研究方法的理解。

从事行政工作，虽然经常都在进行调查研究，但真正做好调查研究并不容易，受到主客观各种因素的影响和制约。从个人主观条件来说，需要具备一些基本素质，要有比较扎实的基本功。概括起来，主要有以下几个方面：

一是工作经验。社会阅历丰富，见多识广。古人说："读万卷书，行万里路。"讲的就是知识储备和个人经验。曹雪芹在《红楼梦》中有两句诗说得好："世事洞明皆学问，人情练达即文章。"就是说要有人生阅历、社会经验，经历多了，看人看事就会更全面、更不一样。从事调查研究，还要有对实际情况的熟悉和了解。比如研究农村问题，要有对农村情况的深入了解。最近看王蒙写的自传《蹉跎半生》，讲他在"文革"时被下放到新疆农村的感受，接触了大量最底层民众，使他对社会实际有了深刻的了解和体悟，成为他一生的重要积累。

二是较高的政策水平。在行政机关搞调查研究，涉及各方面的政策、文件规定等，需要熟悉和了解政策的来龙去脉、形成和变化过程，政策执行中遇到的问题，懂得政策的利弊得失。现在从事行政工作，专业化要求越来越高，行政部门工作的同志，都应该成为一个专家型的干部，成为某一方面、某一领域政策研究的专家。

三是知识面比较宽。我们已进入"互联网时代"，新的科技和工业革命带来新知识呈现"爆炸式增长"，没有广泛的学习能力就会落后于形势。特别是从事政策研究的同志，更要有广泛的知识面，必须懂经济、懂法律，还要有政治、哲学、科技、文史等多方面的知识，并且能够融会贯通，活学活用。更要善于学习和掌握新知识，比如人工智能、互联网、物联网、大数据、云计算、虚拟现实、3D 打印等，了解电子商务、移动支付、数字经济、分享经济等最新的发展。

四是有思想，特别是分析判断能力。从事政策研究的人，需要思想比较开阔，善于思考问题，能够出谋划策。"敏于观察，勤于思考。"当然，更高的要求是要有较好的思想理论素养，有对重大问题宏观把握和分析判断的能力。你要把情况和问题搞明白，首先自己必须是一个明白人，看问题比较准，把握问题比较全面，实际上这是与领导能力密切相关的。

五是文字表达能力比较强。要有比较扎实的文字功底和表达能力，文字水平比较高，尤其是遣词造句，懂语法、文法，没有基本的病句错字问题。国务院研究室原主任王梦奎同志专门编了一本书《怎样写文章》，再版了几次，很受读者的欢迎。这本书收录了一些文章大家谈如何写文章、修改文章，也包括党政部门基本的公文格式和要求。我们国务院研究室的同志人手一册，成为一本必备的工具书。

第二个问题：调查研究的基本理论和方法

调查研究的目的，是为了了解实际情况，发现问题和解决问题。

调查研究的方法主要有：全面调查，抽样调查，典型调查，开座谈会等。除了直接调查的方法，还有间接调查的方法，比如运用网络搜集资料进行再研究。这种方法现在比较常见，尤其是青年人，遇到一个什么问题，首先想到的是上网查资料，在这个基础上研究问题。

行政部门工作，一般比较常用的调查方法，是召开座谈会和进行实地调查。这比较简便易行，可以在较短时间内了解到较多的情况和问题。但也有局限性，主要是座谈会的发言都是有选择性的，有时候不能了解到真实的情况；实地调查只是了解到一个方面的情况，不容易了解到全面的情况。

一般来说，全面调查不大容易，受到很多限制，甚至根本做不到。除了像全国人口普查、经济普查等，常用的大多是抽样调查和典型调查的方法。抽样调查在日常生活中也经常用到，比如你要知道海水咸不咸，你不需要进行全面调查，也不可能把所有的海水都尝个遍，只需要尝一点海水就可以了，因为海水内部的分布是非常均匀的，抽取任何一个样本都有足够的代表性。还有我们经常品尝西瓜甜不甜，尝一尝做的汤咸不咸等，运用的都是抽样调查的方法。你要运用全面调查的方法，既没有必要，事实上也做不到。

抽样调查是一种比较好的调查方法，它介于全面调查和典型调查之间，最大的好处是可以抽取有限的样本，却能够从样本推论到总体情况。其科学推论的理论基础就是数字上的概率论和数理统计分析。比如，现在比较流行的问卷调查，设计一个比较科学的问卷，运用科学的抽样方法，一般选取几千人的样本，就可以了解到总体的基本情况。典型的如各国选举期间所作的民意测验，美国总统选举一般只抽取几千份选民样本，就可以作出比较准确的选举预测了，其误差可以控制在允许的范围内，除非出现非常特殊的情况，就像特朗普在与希拉里竞选中胜出一样，其实从选民来看支持希拉里的人多过特朗普，只是特朗普赢得了更多州的选举人票。

这里，我们主要结合抽样调查，介绍一些有关调查研究的基本知识。

第一，社会现象的复杂性。我们常说，社会现象比自然现象复杂，复杂在什么地方？主要是社会现象受到的影响制约因素更多，也更为复杂，除了客观因素，还有主观因素。社会现象表现为大量的各种各样的人的活动，而人是有主观能动性的，他受个人情感、意志、思想和观念的支配，其自我选择都是变量因素。我们在调查研究中，往往会遇到这样的问题：调查对象愿不愿意说实话，说到什么程度，说实话对他有什么好处或有什么坏处，这都是他要考虑的问题。就是说，对于同一件事情，由于人们的立场、价值观念、利益取向等不一样，往往会有不同的看法和说法，对于同一个人也会有不同的评价。这取决于他的个人倾向性，最终涉及他的利益关系。我们经常说立场、观点和方法，站在什么立场，就有什么观点。比如，你调查房地产市场问题，房地产商的观点和普通购房者的观点肯定是不一样的，甚至可能是截然相反的。你调查医疗卫生制度改革，部门领导、医院负责人、医生与患者的想法、看法也往往不会是都一样的。那么，客观地选取各方面的调查对象，调查了解到真实的有代表性的情况，就是至关重要的了。

第二，社会现象的随机性。所谓随机性，就是往往表现为大量的偶然现象，也就是偶然性。调查研究就是要在大量的偶然现象中发现规律性，这种规律性不一定是必然性，而是最大限度的可能性，也就是统计规律性。我们经常说人的命运，有时觉得命运好像就是受许多偶然因素支配的，比如遭遇什么变故，与谁结婚，碰到一个什么人相助等，其实命运说到底就是由大量偶然现象所组成的必然性。这里所说的必然性，不一定就是100%的必然，也可能是80%、90%、99%的必然，是一种最大程度的可能性。这就要运用到数学上的概率论所讲的正态分布和大数定理。比如，最简单的一个例子，有名的"掷钱币试验"。一枚硬币，正反两面，从空中掷到地上，会是正面还是背面？应该说，各有50%的概率。那么你掷10次会是什么结果？有可能5次正面5次背面，也有可能4次正面6次背面，也有可能3次正面7次背面……总之，是带有不确定性的。随着你投掷次数的不断增多，比如100次、1000次……，它就越来越显示出一个规律性的东西。据说，世界上有人曾经投掷过10000次，结果是有4990多次是正面，有5000零几次是背面，无限接近于50%的概率。实际上，这也表现为自然规律，比如生男生女的现象。过去家庭生孩子多的时候，我们经常见到，一个家庭里夫妻两个可能生了5个孩子，3男2女，也可能4男1女，甚至极端的可能全部是男孩，或全部是女孩。它有什么规律呢？如果这个样本足够大，比如从一个村庄到一个乡镇，再到一个市县，最后到一个地区、一个国家，那么最终呈现出的就是男女比例各占50%的自然规律，当然这中间还会受到自然选择和人为因素的影响。但统计结果表明，人类的男女比例一般是100零几比100，保持在一个大体平衡的状态。许多社会现象在统计上都呈现正态分布，或偏正态分布，也就是说中间大、两头小，大量的是比较接近普遍性的现象，越往两头的个别现象越少。比如，人们的收入、住房状况、预期寿命、智力高低等，都服从于正态分布，都呈现出统计规律性。

第三，社会现象的模糊性。调查研究，既有定性研究，也有定量研究，现在更多的是把这两种研究有机结合起来，既有对社会现象的数量分析，也有对社会现象的定性判断。这是由事物的特征所决定的，其本身包含有性质和数量两个方面，因此一味强调定性研究或定量研究都是不可取的。在调查研究中，涉及精确性与模糊性的问题，是不是越精确越好？不一定。有时候，可能越精确越不能说明本质问题，而变成了数字游戏。甚至现代数学的发展，也产生了一个重要分支，这就是模糊数学，用数学来研究大量的模糊现象。社会现象带有更多的模糊性，尤其是涉及人们的情感、心理、思想、观点和看法，涉及对人、对社会、对事物的看法和评价，更是这样。我们说一个人判断力很强，往往是来自于大量经验积累基础上的直觉判断，而直觉判断有时是很准确的，能够一下子抓住事物的本质特征。对大量模糊的社会现象的认识，定性分析至关重要，更能够抓住事物的本质特征。举一个简单的例子，比如让你到会场去找一个人，对这个人描述得很精确，身高1.74米，体重98公斤，头发3500根，可能你找了半天也找不出来，因为你要量一量、数一数。如果说，这个人中等个子、大胖子、秃顶，你马上就可以找出来。为什么？因为在这里定性判断比定量分析更准确地抓住了本质特征。分析研究社会现象，虽然我们说常识并不可靠，有时可能还是错误的，但常识和经验往往很重要，它是我们分析研究问题的基础和出发点。孔子说过："道不远人，人之为道而远人，不可以为道。"孔子所讲的"道"，在这里是指为人处事的道理，它是距离人们很近的，它不可能是用人们完全听不懂的方式讲出来的。在社会调查研究中，如果得出的结论距离人们的常识经验太远，或与人们的常识经验不相符合，一般就要考虑是不是有什么问题，需要进行认真检验。调查研究需要从纷繁复杂的社会现象中，不受各种枝节和表面因素的干扰，善于抓住事物的本质特征，抓住主要矛盾和要害所在。这是一个调查研究者不可多得的重要本领。

第四，社会现象的差异性。社会现象往往表现出较大的内部差异，不能仅仅用一般情况来代表。在调查研究中，如果仅仅用平均数来代表总体情况，往往会掩盖不同的内部差异，甚至出现"被平均"的问题。我们以人均 GDP 为例，2022 年我国人均 GDP 为 12741 美元，但各地区之间差距很大，有 3 个省市人均超过 2 万美元，进入中等发达国家水平，总人口超过 1.3 亿人；有 10 个省区市人均超过世界银行最新制定的高收入国家门槛 13205 美元，总人口达到近 5 亿人。其中北京人均超过 2.8 万美元，上海人均接近 2.7 万美元，江苏人均接近 2.2 万美元，福建人均 1.9 万美元，浙江和天津人均接近 1.8 万美元，广东人均超过 1.5 万美元，内蒙古人均超过 1.4 万美元，湖北和重庆人均接近 1.4 万美元。而比较低的如甘肃省人均 6684 美元，黑龙江人均 7561 美元，广西人均 7759 美元，贵州人均 7778 美元。人均最高的北京是最低的甘肃的 4.23 倍。如果我们把划分范围再缩小，以地级以上城市来看，则有 32 个城市人均 GDP 超过 2 万美元，有 66 个城市人均 GDP 超过 1.5 万美元，有 92 个城市超过世界银行最新制定的高收入国家门槛 13205 美元；最高的鄂尔多斯市人均达到 3.85 万美元，克拉玛依市人均超过 3.6 万美元，无锡市人均达到 2.95 万美元，苏州市人均超过 2.77 万美元，深圳市人均超过 2.72 万美元。如果我们再往下划分，随着范围的缩小，差距则会越来越大。因此，在调查研究中，就要做到统筹兼顾。一方面，在抽取样本时要照顾到各种不同的情况，如选择分层抽样和分类抽样的办法，尽量选取能够代表不同情况的样本，如高收入、中等收入、低收入人群。国家统计局是采用"五等份分组"的办法，在中等收入上下，又分出了中等偏上收入和中等偏下收入。另一方面，要在用平均数代表一般情况的同时，选取一些代表差异性的指标，如高收入占比、低收入占比、中等收入比重、贫困人口数量和贫困发生率等。这样两方面结合起来，考虑和照顾到一般情况和内部差异情况，以便能够更好地代表和推论到总体的状况。

第五，社会现象的相关关系。社会现象的复杂性，决定了我们要在纷繁复杂的相互关联中找出重要的相关关系，有时比较困难。在调查研究中，要注意区别几种不同的相关关系。首先是真相关与假相关。有些现象表面上看有相关关系，而实质上没有相关关系，这就是假相关关系。在调查研究中，首先要排除假相关关系，不为表面现象所迷惑，找到真相关关系。例如，生活中有不少迷信的东西，风水（坟地）与命运，生辰八字与命运，星座与命运，碰到猫头鹰叫与一个人的运气等，有时候表面上看好像有一种相关关系，甚至有的算命先生把它说得头头是道，其实只是一种假相关而已。当然，还是有人相信这之间是有相关关系的，人在遇到一些不可解释又不可抗拒的事件时，特别是人生命运突变时，总是要找一些原因、一些自我心理安慰的理由，这样才能心安理得，解脱自我压力。其次是正相关与负相关。两者现象之间是正向的相关关系，还是负向的相关关系。但有时也是难以弄清的，可能既有正相关，也有负相关，也就是说利弊得失关系都有，只是多一点少一点而已，那我们就要分析正负相关的多少和程度。还有高相关与低相关。在许多影响因素中，每一个因素有多大的相关关系，而最主要的相关关系是什么，这往往是分析研究问题时最难以把握的。比如，世界上有许多人研究治疗癌症，到底得癌症的原因是什么？什么因素在其中起决定性作用？有人发现，人们患食管癌与一个地方的水土环境是有关系的，但仔细分析起来却并不容易，需要排除许多可能无法排除的因素。大家都知道，肺癌与抽烟是有关系的，但到底有多大关系？为什么不抽烟的人得肺癌的也不少？其他因素又有多大影响？等等，这些还并没有真正研究清楚。社会调查研究中，往往需要深入的分析，才能找到事物之间的内在联系，抓住主要矛盾和矛盾的主要方面，从而提出关键性的对策和举措，使矛盾迎刃而解，起到事半功倍的效果。

第三个问题：调查研究的基本要求

一般来说，从事一项调查研究，有几个基本的步骤：一是进行预研究。收集有关方面的调研资料，了解调研问题的基本情况。一般情况下一个问题的调研，可能都不是第一次，要掌握以前的研究进展，站在已有研究的基础上，再向前发展。二是制定调研方案。对调研作出安排和规划，包括调研的目的、方式、范围、对象，以及时间安排、参加人员、几个阶段等。特别是调研的重点任务，需要解决的主要问题。还要对调研方案进行讨论和论证。三是进行实际调研。选择采取召开座谈会、典型调查、抽样调查、实际考察等方式。广泛地收集占有资料，真正把各方面情况摸准吃透，并且了解问题的是非曲直和来龙去脉。在调研中根据了解掌握的情况，还会对调研方案作出调整，增加或减少项目。四是分析研究问题。对调查得到的资料进行研究，进一步发现问题和分析问题，形成基本的判断，得出基本的结论，提出解决问题的思路和办法。五是撰写调研报告。在深入分析研究的基础上形成调研报告，并对报告进行讨论和修改。六是论证评估。一项比较大型的重要的调查研究，还要召开评审会，邀请有关部门和专家进行评审，提出修改完善的意见。

总结自己的调研工作，有以下几点感受和体会：

第一，吃透"两头"，即吃透上头和下头。

我们所进行的调查研究，一般是围绕党和国家的政策就某一方面问题所做的调研，可以叫作政策性问题调研，它是为了解决某一方面问题而提出政策性建议。搞好调研工作，吃透"两头"非常重要。

一方面是吃透上头。有的调研题目是领导确定的，那就要了解领导的意图，这个问题在全局工作中的定位，调研是为了解决什么问题。有的调研是自己选择的，那就要有善于发现问题的眼光，能够抓住敏感性问题。对于政策性调查研究来说，掌握和吃透政策很重要，调查前要先了解这方面政策的来龙去脉和变化过程。比如，调查研究养老保障问题，就要了解职工养老保险的缴费比例，职工的工龄、缴费年限与退休后领取养老金的计算方法，养老保险基金的统筹和管理办法，职工退休和提前退休的有关政策规定等。我们在调研中也发现，下边不少从事某一方面实际工作的同志平时忙于日常事务，对政策研究得不够，对有些政策一知半解，这是许多政策不能很好得到贯彻执行的一个重要原因。

另一方面是吃透下头。调查研究的过程就是吃透下头的过程，通过调查真正把下头的问题弄清楚。在调研之前，要先熟悉全面的情况，要有对面上情况的基本了解，由此再确定需要深入调研的问题及重点。在调研过程中，就是要找到问题的症结所在，形成解决问题的思路和办法。例如，中小微企业贷款难、贷款贵问题，是一个长期反映的问题，虽然自上而下采取多方面的措施，问题得到一定程度缓解，但并没有根本解决。如何找到解决问题的新思路、新办法？就需要在吃透上头的基础上，再深入实际调查研究，吃透下头各方面的情况，找到解决问题的新办法。

第二，要在调查的深度和广度上下功夫。

我们从事的调研一般有两种：一种是专题性调研，一种是综合性调研。专题性调研更多地要求在深度上下功夫，综合性调研更多地要求在广度上下功夫。这只是相对划分的，对于任何一项调查研究来说，能够做到既有广度又有深度是最好的，当然对不同的调查研究可以有不同的侧重。

在专题性调研方面，就是要深入进去，发现别人没有发现的情况和问题，提出有新意的有价值的政策建议。比如，关于"营改增"的调研。营业税改征增值税，是我国一次重大税制改革，从此营业税成为历史，所有行业特别是服务业都统一征收增值税。我记得 2012 年 8 月我们进行了一次专题调研，当时"营改增"在上海试点半年多，效果初步显现，各方面也有一些不同的反映。为什么要搞"营改增"？试点达到效果了吗？进展如何？出现了什么问题？下一步如何推进？这些都是需要弄清楚的问题。改革的初衷，主要是为了统一税制，从制度上消除重复征税的问题，减轻企业税负，支持第三产业、中小微企业的发展。从试点情况看，应该说基本是成功的，但也遇到了一些新问题，比如交通运输业一些企业反映税收有所增加。这项改革是大胆决策、稳步推进，遇到什么问题就解决什么问题。从 2016 年 5 月 1 日开始，全面实施"营改增"，将试点中剩余的四个行业——建筑业、房地产业、金融业和生活服务业全部纳入"营改增"。改革中反映出的问题主要表现在：一是部分行业和企业税负有所增加，主要是进项抵扣少，企业财务对新的税收办法还不熟悉和适应。二是地方税收下降，因为营业税原来属于地方税，而增值税属于中央与地方共享税，"营改增"以后，自然就出现了地方税收减少的问题。针对这两个突出问题，国务院采取了有效的政策措施，实际上是实行了"两个确保"：一是确保所有行业税负只减不增，对个别行业如建筑业、金融业等采取一些特殊政策，进一步健全抵扣链条，调整税率结构等，做到使所有的行业都能够享受到减税的好处；二是确保所有地方的税收只增不减，主要通过提高增值税中地方分享比例，中央与地方分成由 75 : 25 调整为五五分成，同时核定税改前地方营业税收入基数，中央全部返还并给予适当增加。通过这些措施，有效解决了"营改增"中出现的矛盾和问题，把一场牵一发而动全身的复杂税制改革，变成了各方受益、皆大欢喜的顺利改革，取得了良好的效果。国际上也给予高度评价，认为中国从试点开始，逐步扩大，直到全面推开，完成了一项复杂而又艰巨的税制改革，能够做到这一点是非常不容易的。

　　在综合性调研方面，就是要有广阔的视野，广泛地了解各方面的情况，通过综合分析研究得出概括性的结论。例如，2011年我们组团到日本考察，主要是围绕"转变发展方式"问题，到日本内阁府、经济产业省、地方政府部门、企业、大学、研究机构进行访问交流。回来以后写了一篇考察报告——《深刻认识中国与日本发展的显著差距》，从经济实力、现代化水平、生态环保、社会发展、国民素质等方面，比较分析了中国与日本的差距，同时也分析了日本发展中面临的深层问题，主要是泡沫经济破裂的后遗症、内需空间有限、人口老龄化和少子化等，提出了针对中国经济社会发展的政策建议。总的看法是，日本虽然经历了"失去的20年"，但总体上已进入高度发达的阶段，特别是日本强大的高端工业制造能力、金融实力和技术优势，这是日本维持世界经济霸权的三大支柱。中国虽然超过日本成为世界第二大经济体，但在现代化道路上还有很长的路要走，"跨越中等收入陷阱"面临着严峻的挑战。我们必须清醒地认识中国发展的定位和差距，抓住机遇加快发展自己，高度重视日本泡沫经济破裂的深刻教训，更加重视生态环保和社会发展，全面提高我国的国民素质，加快步伐实现中国的现代化。

我个人的体会是，调查研究必须深入到点，照顾到面，既有一定的深度，又有一定的广度，既"解剖一只麻雀"，又"看到一群麻雀"，做到胸中有全局、心里有底数。苏东坡有一首写庐山的诗："横看成岭侧成峰，远近高低各不同。不识庐山真面目，只缘身在此山中。"其隐含的哲理是，看山不能只在山中，要能够跳出山外。更进一步来说，只有山里山外都看到了，才能真正算得上"识得庐山真面目"。

第三，特别要注重调查的信度和效度。

信度和效度是调查研究的两个基本要求。信度就是调查的可信度、真实性；效度就是调查的有效性、代表性。一项好的调查研究，应该是既有信度又有效度，既可信又有效。比较重要的大型调查，一般还要进行信度和效度检验。比如，一些标准化的抽样调查，要用样本推论总体，达到很精确的程度，误差要在允许的范围之内，信度和效度检验是至关重要的。

我们在调查中经常会碰到真实性的问题。了解情况难，了解真实情况更难。这一方面是因为弄虚作假现象的存在，让你不敢相信；另一方面即使没有弄虚作假，调查本身也有一个去伪存真的问题。我们平常说，耳听为虚，眼见为实。是否亲眼所见就都是真实的？这也不一定。最典型的例子就是魔术，眼前的情景看着像真的一样，其实是假的，是在道具上做了手脚。还有一些所谓的气功大师表演，现场发功，众人欢声雷动，看起来像真的一样，其实另有玄机和奥秘。即使事情的本身是真实的，由于观察者的角度、反应、注意力和兴奋点等不同，其看法和结论也会不一样。国外心理学教授曾经做过一个有趣的实验，一个教室里正在上课，突然一个人追赶另一个人闯进教室转了一圈，开了一枪，又跑了出去，教授让教室里的每个学生来描述这一事件的全过程，结果发现全班学生的描述各不相同，有的还有很大出入甚至相互矛盾。在刑事案件调查中也经常遇到一个问题，事发现场的人描述得并不一致，甚至彼此矛盾。科学家还做过盲点的实验，人们在看东西的时候会有盲点的存在。极端的现象就是还有色盲的存在，有的人是分不清红绿灯的。在这种不同情况下，哪个是真实的？这就需要分析鉴别，做出综合判断。

一般在调查中，被调查者总是想让你看好的、对他有利的情况。特别是我们的不少调查，事前基本上都是工作人员安排好的，包括开什么样的座谈会，请哪些人参加，看什么地方，如何汇报发言等。在这种情况下，如何变被动为主动，了解到我们想要了解的东西，的确需要有一点方法。一是善于召开座谈会并善于提出问题。开座谈会是一种最常用的调研方式，但要主持好座谈会需要一定的水平和技巧，需要有驾驭场面的能力，掌握座谈会的主动权。要在发言的人愿意讲的东西之外，善于提出问题进行引导，了解到我们想要了解的情况。二是善于进行一些随机调查。在调查中不能什么都是提前安排好的，要主动寻找自己感兴趣的调查点和调查项目，这可以摸到不少真实情况。许多领导同志都喜欢做一些随机调查，不经过地方安排，自己随机选择一些地方进行调研，比如在汽车行进的路上遇到有村庄，临时停下来，到村里与碰到的村民交谈，了解他们的生产生活情况，有什么困难需要解决，对政府工作有什么要求等，这样可以了解到不少真实情况。三是善于进行掩饰性调查。有的调查可能比较敏感，被调查者有顾虑，不大容易配合。因此，需要采用一些掩饰性措施。例如，调查大量职工提前退休问题，不好问你们这里搞了多少提前退休？如何弄虚作假？他不会如实地告诉你。所以，我们以调查"两个确保"——"确保下岗职工得到妥善安置、确保离退休人员养老金按时足额发放"的名义，调查养老保险中存在的问题，特别是调查养老保险基金入不敷出，他很愿意告诉你这些情况，他要反映养老经费不够用，希望中央财政更多地转移支付。在这中间很随意地引入提前退休的问题，得到你想了解的情况。

效度的问题，就是调查的有效性，也就是调查对象的代表性。一些典型调查，好的先进的典型，可能都是真实的、可信的，但问题是它有多大的代表性？我们经常说，实事求是，一切从实际出发。但你是从1%的实际出发，还是从99%的实际出发？实事求是，必须从最有代表性的事实出发。列宁说过，任何一个观点，哪怕是再荒谬的观点，也能找到它的事实根据。调查研究中，最重要的是要调查了解一般的情况、最大多数的情况、最有代表性的情况，而不是极端的情况、个别的情况。政策建议也要建立在最广泛的大多数情况的基础之上，这样制定的政策才会收到好的效果。如果仅从个别的极端的情况出发来制定政策，那必然造成极端的错误。这方面曾经留下过不少沉痛的教训。

第四，致力于分析问题和解决问题，制定切实可行的政策。

这是调查的最终目的。就是说，要在真实有效调查的基础上，做好分析研究工作。分析问题要全面，要考虑到各种因素的影响，同时又要紧紧抓住主要矛盾，解决主要矛盾就会牵一发而动全身，起到事半功倍的效果。比如，大家看到，房价不断上涨，那么就要分析房价上涨的原因是什么，症结何在？不少经济学家、政府管理部门，当然也包括房地产商都持有一种观点：房价上涨是由供求关系造成的，因为住房少，需要房子的人多，自然就会不断上涨。这种观点有一定道理，但具体分析，住房上的供求关系是一种什么样的供求关系？买房的人都有实际的住房需求吗？卖出去的房子有多少实际上没人住而只是用来炒卖的？北京的房价已经高出美国许多大城市的房价，甚至华盛顿的房价也没有北京高。也有人说，房价上涨与货币供应量过多即流动性过剩有关，许多企业有钱、老百姓有钱，往哪里投资？投资股市不行，投资黄金、珠宝、古玩也有限，所以大量的钱投资住房。还有人说，土地价格不断攀升，地王频出，甚至面粉贵过面包，必然推动房价上涨。还有一种观点，房地产商故意炒作，抬高房价，制造房价不断上涨的氛围，形成购房者追涨房价的现象等。我们就要分析，哪些是主要原因、根本性原因？我们要问：世界上发达国家许多都出现了房地产泡沫，甚至出现金融危机，而德国的房地产市场却始终保持平稳，几乎很少有人到德国炒房的，他们是如何调控房地产市场的？我们看到，国家现在还对一些主要民生商品实行价格调控，如水、电、燃气、汽油、基本药品、教育收费等，粮食实行国家收储和最低保护价，可住房比起这些东西重要的太多了，花的钱也多多了，为什么不能对住房这种最基本最重要的民生商品实行价格调控呢？德国就是这样调控的，对于不同地段、不同档次的房子规定了严格的调控价，卖房涨价甚至出租房涨价超过一定的限度，不但面临罚款甚至还有坐牢的风险。

解决问题主要是制定政策和实施政策。政策必须要有针对性，具有可操作性，能够真正解决问题，并且还有一个重要方面，就是不会带来副作用。调查研究就是要出主意、想办法、定政策，而且要出大主意、好主意，不出歪主意、馊主意，还要看政策执行的可行性和效果。任何时候都没有绝对好的政策，政策的制定和出台是权衡各方面利弊得失的结果，甚至是上下博弈的结果。

只能是利大于弊，好处很多，而坏处很少。但也不排除在执行中变成了坏处很多，而好处很少，结果适得其反，这种情况也并不鲜见。一项看起来好的政策，并不总是能达到好的效果。有些政策出发点是好的，想得也比较完善，但政策执行和实施的结果并不理想，甚至出现偏差和副作用。大家知道历史上的王安石变法，王安石被列宁称为"中国十一世纪的改革家"，他可以说是一代奇才，诗文雄奇，才干超群，脾气倔强，敢作敢为，推行改革大刀阔斧，气势磅礴。改革之一是推行"青苗法"，针对当时农民种地在青黄不接时，无钱购买农具等物，遭受高利贷盘剥，王安石提出政府要扶持农民，实行青苗贷款，这有点类似农业银行。本来出发点很好，春耕时由政府贷款给农民，秋收后即可收回贷款。但这项政策全面实行以后，却弊政丛生，一到下边就变形走样了。问题出在哪里？原来各级官吏为了显示政绩，便要多贷款、多收款，完成贷款和利息指标，本来是农民自愿贷款，结果变成了强迫农民贷款，一些贫困农民贷不起、还不起，不贷也不行，不还也不行，最后是强行放贷和还贷，逼得民不聊生、怨声载道。好事变成了坏事，最后变法以失败而告终。

　　一项好的政策需要考虑几个方面：一是政策的稳定性和连续性。好的政策应该长期坚持下去，这样才能释放一个稳定的预期。比如香港、澳门回归，"一国两制"、"港人治港"、"澳人治澳"、高度自治的方针长期不变；家庭承包责任制的政策"三十年不变"，到期后又提出长期不变。在实施过程中，有小问题的政策可以通过打补丁的方式来修改完善，只有大缺陷的政策才需要改变。所以，在研究提出政策的时候，要了解一项政策的来龙去脉和利弊得失，这样才能提出更完善的政策。二是政策的科学性和协调性。一项政策的制定和实施，需要科学的测算和评估，要有严格的定量分析，特别是财政的投入支持；还涉及方方面面的利益关系，需要上下左右的配合和协调，这些都是需要统筹考虑的因素。三是政策的可行性和操作性。天下大事，必作于细。细节决定成败。政策的设计要全面完善，但切忌烦琐化复杂化，好的政策应该是清楚明白、简便易行。比如税收政策，涉及面非常宽，要使纳税人都明白，不能说不清、道不明，否则就难以实施。历史上刘邦占领咸阳，就是约法三章，布告天下，取得较好的效果。

毛泽东说："政策和策略是党的生命，各级领导同志务必充分注意，万万不可粗心大意。"党和政府的各项政策，关系千百万人的生活、利益甚至命运，差之毫厘，失之千里，必须慎之又慎，这是我们调研工作者的责任。

第四个问题：调查研究报告的结构和类型

调研报告从结构上来说，一般分为五个部分：（一）标题。调研报告的标题，不像写论文那样，最好使用客观中性的标题，而是要观点鲜明，让人一看就知道你要表达的核心观点是什么。标题要让人一目了然，特色突出，能吸引人，起到画龙点睛之效。如关于加强房地产市场调控的调研报告，题目定为"必须迅速出重拳调控房地产市场"；关于推进财税体制改革的调研报告，题目定为"我国下一步改革的重点和关键是推进财税体制改革"；关于春节返乡见闻的调研报告，题目定为"真实感受家乡变化的喜与忧"等。（二）导语。说明调查的目的、意图，为什么要搞这次调研，一般也是说明调研问题的重要性、紧迫性，以及调研得出的主要看法和结论。导语要简明扼要并对通篇起到提纲挈领的作用。（三）调研发现的情况和问题。问题突出表现在哪些方面，带来的影响和后果。（四）对问题进行深入分析。寻找发生问题的原因，在众多原因中抓住主要原因，找到问题的症结所在。（五）提出解决问题的思路、办法和政策建议。应该是有针对性的政策建议，注重政策建议的操作性和可行性。

撰写综合性调研报告，需要处理好三个关系：

一是"点"与"面"的关系。点是指反映局部问题、个别事例、特殊情况的材料；面是指反映全局问题、整体概貌、一般情况的材料。正确处理好二者之间的关系，是撰写综合报告的关键所在。因为综合性调研报告用于反映全面工作或事件的情况，涉及的方面或问题很多，所以在筛选和组织材料时，除运用必要的"面"上的概括材料外，还要运用"点"上的典型材料，二者相辅相成，互为补充。如果有点无面，则必然使报告内容零碎、狭窄，给人以纷乱感；相反有面无点，则会使报告内容失之空泛，缺乏重点支撑。

二是"详"与"略"的关系。综合性调研报告的内容比较丰富，它涉及各个方面的情况，但又不可能将所有材料都写进去，这就有一个材料的取舍和组织的问题，因此要求做到重点突出，详略得当，主次分明。所谓重点，是指能够影响全局的工作或情况的材料，能够对当前或今后工作有重要指导作用的材料，能够充分反映工作成效、工作状况和工作水平的材料，能够代表和反映工作中存在的带有普遍性或倾向性问题的材料。撰写综合性调研报告，必须紧紧围绕这些重点内容展开，笔墨要凝练、集中。重点性材料要详细具体，用墨宜多，一般性材料则略写，惜墨如金。

三是"事"与"理"的关系。"事"即有关的工作或事件的情况，"理"即对工作或事件情况进行的分析、议论。一篇优秀的综合报告，应是事与理的高度统一体。正确处理好二者之间的关系，是写好综合报告的重要环节。撰写时既要将有关的事实情况说清楚、讲明白，又要对其进行必要的分析，指出问题的实质，说明已做的工作和拟采取的解决办法。只有事实，没有精要的分析，所撰写的报告必然是现象的罗列，像"流水账"；相反只有分析说理而无必要的事实作为基础和论据，报告必然空洞、言之无物。

一般夹叙夹议比较好，做到有叙述、有分析。

撰写专题性调研报告，则要着力把握好"三要"：

一是速度要快。专题报告应当就工作中发现的新情况、新问题及时向上报告，切莫贻误时机，否则时过境迁，就失去了报告的意义。要做到不失时机，恰到好处。如"公鸡打鸣"，叫早了"半夜鸡叫"不好，叫晚了天已经大亮，"起个大早，赶个晚集"也不好。此种报告快捷灵便，见机而行，占得先机，可使领导及时了解和掌握有关问题或事件的情况，从而迅速作出决策。

二是内容要专。"花开数朵，只取一支。"专题报告一般是一事一报，集中一点，不及其余。最忌讳的是说多说全，面面俱到。要做到内容明确专一，便于领导集中了解和掌握一方面的情况，从而有针对性地作出处理。孔子说过："可与言而不与之言，失人；不可与言而与之言，失言。知者不失人，亦不失言。"这句话用在提供给领导的调研报告中也是适用的，该说的话一定要说，不该说的话一定不要说，实际上这把握起来并不容易。

三是情况要实。要实实在在地反映情况，并把有关情况说清楚。既要使领导了解有关情况的来龙去脉，又能够起到解疑释惑的作用。切忌将问题复杂化，并引起更多的疑惑。也就是说，不能将应该说清楚的问题变得更说不清楚。

第五个问题：调查研究报告的写作要求

如何提高调查研究报告水平？这涉及一个人的写作能力，需要多读多写，多看别人写的东西，自己多实践、多琢磨，自然就会有提高。郭沫若在谈到写文章时说："毛主席的文章，正如文如其人，非常平易近人。我们学习毛主席的文章，就要学习他的平易近人，学习他的深入浅出，学习他准确、鲜明、生动地表达艰深思想的能力，概念准确，形象鲜明，笔调生动。"

人们常说，文无定法。一百篇作文，有一百种写法。但文有常规，有其基本的规矩、基本的写作要求、写作技巧。学习借鉴别人的经验，结合自己调研工作的体会，我感到一篇好的调研报告，有以下一些基本要求：

第一，文风平实。调研报告不像写文学作品，不需要凭想象去构思创造，也不需要华丽的语言。重在贵在实实在在，实事求是，用事实和数据说话，讲实在的东西，不讲虚的东西，切忌讲空话、大话、套话。习近平总书记指出，"实就是要讲符合实际的话不讲脱离实际的话，讲管用的话不讲虚话，讲有感而发的话不讲无病呻吟的话，讲反映自己判断的话不讲照本宣科的话，讲明白通俗的话不讲故作高深的话。"这就要求我们写调研报告，力求反映事物的本来面目，分析问题要客观、全面，既要指出现象，更要弄清本质；阐述对策要具体、实在，要有针对性和可操作性。

我们写调研报告，有一个很深的体会，调研报告不只是写出来的，不是坐在房间里想当然地想出来的，特别是涉及一些重要政策措施的建议，是要在深入调查研究占有大量事实材料之后，经过多方面沟通、碰撞、磨合的过程，是在反复比较聚焦的基础上形成的。因此，调研报告的内容和思想性始终是第一位的，至于表达始终是第二位的。这不是说表达不重要，好的内容也需要好的表达方式，这就像灵魂和身体的关系一样，它们应该是合二为一的。

调研报告的表达方式，最基本的要求是平实。文风朴实，深入浅出，通俗易懂。调研报告尽量用通俗易懂的话，不能生造词汇，说些别人不懂的话。少用形容词、副词，表达要有分寸感、恰如其分。不要有夸张之词，不要渲染语言。不搞花里胡哨的东西，不哗众取宠，不说过头话。要尽量使用口语化的语言，大众的语言，而不是学者的语言。

第二，简短精练。最重要的是要简明扼要，简洁明快，言简意赅。清代郑板桥有一首题画诗："四十年来画竹枝，日间挥写夜间思。冗繁削尽成清瘦，画到生时是熟时。"文章的最高境界是简约，"施朱则太赤，施粉则太白，增一分则显高，减一分则见低"。要真正达到简约的境界，需要永无止境的追求。郑板桥说："删繁就简三秋树，领异标新二月花。"要简练、简短，正像胡乔木说的："短些，再短些。"语言简短明快，不能啰唆，有话即长，无话则短。力求短而精，不多一句，不多一字。

习近平总书记指出，短就是要力求简短精练、直截了当，要言不烦、意尽言止，观点鲜明、重点突出。能够三言两语说清楚的事绝不拖泥带水，能够用短小篇幅阐明的道理绝不绕弯子。毛泽东为人民英雄纪念碑起草的碑文，只有 114 个字，却反映了一部中国近代史。1975 年，邓小平负责起草周恩来总理在四届全国人大一次会议上的报告，只用了 5000 字。后来谈到这件事的时候，邓小平说："毛主席指定我负责起草，要求不得超过五千字，我完成了任务。五千字，不是也很管用吗？"鲁迅先生说过，文章写完至少看两遍，竭力将可有可无的字、句、段删去，毫不可惜。现在，不少地方和部门按照中央改进文风会风的要求，提出以"能少则少、能短则短、能精则精、能简则简"为原则，尽可能开短会、讲短话、发短文。这"三短"，就是我们应当大力倡导的风气。

如何达到简短精练？其中一个重要的办法，就是注重概括和提炼。要从一大堆材料中归纳提炼出最有价值的东西，包括最重要的观点、概括性的表述、核心要义，也就是说有一些让人记得住的好话和好的概括性表述。比如，把党的基本路线概括为"一个中心，两个基本点"；把检验改革开放、衡量一切工作的标准概括为"三个有利于"；把我们党所要坚持的最重要原则概括为"四项基本原则"；等等。总的来说，一篇好的调研报告，要留下能够让人记得住的鲜明的东西。

第三，层次清楚，逻辑性强。一篇调研报告思路清不清，表现在其内在逻辑性，能够说清楚几层意思，既做到周延而没有漏洞，又内在一致而没有矛盾。有的调研报告，也下了很大功夫，但让人容易挑出逻辑性的毛病，不能自圆其说，那就是一个败笔了。撰写调研报告之前，首先自己要想清楚，这篇调研报告到底要告诉别人什么，如何说清楚？有哪几层意思？让人看了以后，清楚明白你要表达的意思。

要做到层次清楚，最好不要层次太多，如用大一二三套小（一）（二）（三），再用阿拉伯数字1、2、3，甚至还来个（1）（2）（3）……就像开杂货铺一样，让人眼花缭乱。要尽量简化层次，层次越少越好，一般有"两层楼"即可，最多"三层楼"。所要表述的意思最好有个一二三，一般人们口头发言或简短的讲话，也爱讲个一二三，这是有道理的，简明而又清楚地表达思想是很重要的。

第四，有材料，有观点。撰写调研报告是在调查占有大量材料并进行分析研究的基础上，用调研结论和观点把材料组织起来，做到观点与材料的内在统一。一篇好的调研报告，应该是有理有据，思路明确，材料丰富，观点要能够统领材料，材料要能够说明观点。占有材料是基础，我们平时说"巧妇难为无米之炊"，要尽可能多地占有材料，并且能够从纷繁的材料中抓住最主要的东西、最有用的东西、最有价值的东西。从大量材料中提炼概括形成自己的观点，反过来用最能够说明问题的材料来支撑提出的观点，组织运用好材料，增强观点的说服力。

一篇好的调研报告，最基本的要求是观点正确，能够站得住脚，更重要的是提出新的见解，经得起别人的反驳和证伪。比如，我们提出全球化是不可阻挡的历史潮流，总体上有利于各国经济发展。那么你就要有充分的论据证明这一观点，并且还要说明为什么有的国家在全球化过程中会出现利益受损，为什么会出现反全球化的问题。调研报告中最有说服力的材料就是事实和数据，要用最有代表性的事例和准确权威的数据说明观点，得出让人信服的结论。

第五，有思想性，有高度，有新意。这是一篇好的调研报告的最高要求。报告要体现出新思想，有新观点和新看法，有新的政策建议和新的举措。总体上体现改革创新的精神，力求思想深刻，富有新意，发现别人所没有发现的东西，提出别人所没有提出的见解。而要做到这一点，是很不容易的。你就要站在别人的肩上，把别人已有的东西弄清吃透，并创造出属于自己的东西。比如，现在有许多人在研究金融改革、国有企业改革、农村改革、社会管理体制改革等，在研究区域发展、城镇化、污染治理、房地产市场等问题，你要在某一方面有新的发展和新的突破，不仅要下别人所没有的功夫，而且要有高人一筹的独到之处，这些都最终体现在调研成果的水平上。

调研报告从内容到形式都要大胆创新。有思想性、有高度的内涵，也要通过好的语言文字表达出来。新也包括角度新、材料新、语言表述新，富有个性、特色鲜明、生动活泼。一篇好的调研报告，需要有让人耳目一新的话、让人记住的新话好话。

（本文根据 2019 年 1 月在国务院参事室举办的调查研究培训班上的讲稿整理修改。）

关于讲话文稿起草问题

广西壮族自治区政府办公厅系统举办这个政策研究和文稿起草培训班，很有意义。办公厅系统承担着领导讲话文稿起草的职能，这是一件"苦差事"，许多人不愿干，一般人干不了。大家从事这项工作，都有不少体会，有不少经验，尝到了不少"苦辣酸甜"。通过举办培训班，大家一起学习交流，切磋技艺，有利于提高工作水平。借此机会，我谈一些自己的感受和体会。

一、讲话和写作是行政工作的基本功

从事行政工作，特别是从事领导工作，讲话和写作都是必备的基本功，必须具备讲话与写作的本领。

然而，我们的学校教育，偏重于读。从读小学、读中学，到读大学，读研究生，读硕士，读博士，说得比较少，写得也不多，这些方面的训练相对缺乏。其实，读也不多，小学还读，以后就不读了，主要是听和看，听老师讲课，看书学习。现在，学校相对比较重视说了，搞演讲比赛，还有辩论比赛，但中国学生上课，提问的不多，讨论交流辩论的不多，说的能力没有发展起来，在这方面比起印度学生就有差距。学英语，要求听、说、读、写四样功夫，但我们学的基本是看，看还可以，听、说、写都不行。在写的方面，小学、中学有作文，大学要写论文，但是也不太多，除非自己爱好写一些东西。在学校里写文章，主要是两类：一类是记叙文，记述一件事情；一类是议论文，说明一个道理。写讲话文稿就几乎没有了。

谈到说与写，首先要能够把事情说清楚和写清楚。能够把一件复杂的事情说清楚不容易，我们平常说一个人说不清楚，东拉西扯，说了半天不知所云。大家看过《红楼梦》吧，毛泽东说至少要看三遍。其中写到一个丫鬟叫小红，原是宝玉房中的丫鬟，最低一级的，后来有一次碰到王熙凤要传话取东西，回来把几件事情说得头头是道、清清楚楚，被王熙凤看上，调到身边，得到了提拔，成为"职场精英"。

写作更是一项基本功。基本功很重要，能够写出好东西来，那是很不容易的。同样是登泰山，经历一样，写出来的东西差别太大了，大家看到写泰山的名篇，从古到今留下来的也并不多。湖北有个黄鹤楼，唐代诗人崔颢题写了一首诗："昔人已乘黄鹤去，此地空余黄鹤楼。黄鹤一去不复返，白云千载空悠悠。晴川历历汉阳树，芳草萋萋鹦鹉洲。日暮乡关何处是？烟波江上使人愁。"据说，此诗一出，后人仰首，连李白登黄鹤楼，本要题诗，看见这首诗，叹道："眼前有景道不得，崔颢题诗在上头。"一首诗，一篇文，可以流传千古，使一个地方成名。如苏州的寒山寺，就是由于唐代张继的一首诗："月落乌啼霜满天，江枫渔火对愁眠。姑苏城外寒山寺，夜半钟声到客船。"这首诗流传到日本而非常有名，许多日本人就冲着这首诗也要到苏州寻访寒山寺。

人们常说，文无定法。一百篇优秀作文，有一百种写法，每一篇都不一样，各有特色、各有千秋。但无规矩不成方圆，文有常规，有其基本的写作规范、写作要求、写作技巧。

毛泽东说，语言写作不是随便可以学好的，非下苦功不可。梁衡在《人民日报》发表了一篇《文章大家毛泽东》，值得一读。毛泽东是写文章的高手，他对写文章非常重视，提出了许多要求。他在《工作方法六十条》中指出："现在许多文件的缺点是：第一，概念不明确；第二，判断不恰当；第三，使用概念和判断进行推理的时候又缺乏逻辑性；第四，不讲究辞章。看这种文件是一场大灾难，耗费精力又少有所得。一定要改变这种不良的风气。""中央各部，省、专区、县三级，都要比培养'秀才'。""这些人要较多地懂得马克思主义，又有一定的文化水平、科学知识、辞章修养。"

关于调查研究和文稿起草问题

我们看到，许多领导干部讲话与写作水平都是很高的，文笔都是很好的。中国古代官员都是科举考试出来的文官，不少是进士出身，都是文化水平很高的官员，他们既是政府官员，是实干家，甚至是政治家；又是文化人，是文学家，甚至是思想家。中国历史上的诗文名篇，许多是他们留下来的，比如韩愈、柳宗元、白居易、刘禹锡、苏轼、王安石等，在中国文学史上都占有重要的地位。现在领导干部学历不断提高，不少人是硕士博士毕业，知识水平和综合素质很高。我们读退下来的老同志写的书，都很有收获。如李瑞环同志的《学哲学用哲学》，吴官正同志的《闲来笔潭》，回良玉同志的《七情集》等，都写得很好，既有思想，又有文采。这也说明，为他们起草讲话文稿，要达到他们的水平和要求，是非常不容易的。

现在，党中央非常重视文风问题，文风体现党风。习近平总书记专门讲到文风，他指出：在一些党政机关文件、一些领导干部讲话、一些理论文章中，文风上存在的问题仍然很突出，主要表现为长、空、假。长，就是有意无意地将文章、讲话添枝加叶，短话长说，看似面面俱到，实则离题万里。群众形容说，这样的讲话有数量无质量，有长度无力度；这样的讲话汇集的书，有价格无价值，有厚度无深度。空，就是空话、套话多。照抄照搬、移花接木，面孔大同小异，语言上下雷同，没有针对性，既不触及实际问题，也不回答群众关切，如同镜中之花，没味、没用。

假，就是夸大其词，言不由衷，虚与委蛇，文过饰非。不顾客观情况，刻意掩盖存在的问题，夸大其词，歌功颂德。堆砌辞藻，词语生涩，让人听不懂、看不懂。大力纠正不良文风，积极倡导优良文风，已成为新形势下加强和改进党的作风建设的一项重要任务。习近平总书记提出，要讲短话，讲实话，讲新话。

二、讲话文稿的基本特点

世界上最难写的文章是什么文章？答案是：写别人的文章，尤其是写别人讲话的文章，更难的是写领导讲话的文章。

第一，讲话文稿是写别人的文章，特别是写领导的文章，评价的标准不是自己而是领导。

写自己的文章，好不好，自己说了算。写别人的文章，尤其是写领导的讲话文稿，写得好不好不是你自己说了算，而是领导说了算。讲话文稿体现的是领导的意图、要求、水平、风格。一个领导与另一个领导的风格不一样，要求也各不相同。一般来说，一个作家有一个作家的风格，鲁迅有鲁迅的风格，郭沫若有郭沫若的风格，李白有李白的风格，杜甫有杜甫的风格……因而写领导的讲话文稿，不能只会一种风格，还要适应不同领导的不同风格。

毛泽东的文风，是大气磅礴，旁征博引，嬉笑怒骂，不拘一格，雅俗共赏，情理交融。大家读一读毛泽东的著作，会很有收获。尤其是学习毛泽东的讲话文稿，再了解当时的历史场景，就会有更多的感悟和体会。郭沫若在谈到文风问题时说：毛主席的文章，正如文如其人，非常平易近人。我们学习毛主席的文章，就要学习他的平易近人，学习他的深入浅出，学习他准确、鲜明、生动地表达艰深思想的能力，概念准确，形象鲜明，文笔生动。

邓小平的文风，是朴实无华，平易近人，深入浅出，通俗易懂。邓小平的许多名言，也是来自生活，来自群众。比如，"不管黑猫白猫，捉住老鼠就是好猫""摸着石头过河""科学技术是第一生产力""发展才是硬道理"等。他说出的话鲜明地体现出他特有的风格："不改革开放，只能是死路一条"，"基本路线要管一百年，变不得"。他给社会主义下定义也是通俗易懂："社会主义的本质，是解放生产力，发展生产力，消灭剥削，消除两极分化，最终达到共同富裕。"

第二，讲话文稿不同于一般的写文章，主要是用来听的而不是用来看的。

首先它是领导用来讲的，对于听众来说是用来听的，而不是用来看、用来读的。这有什么差别呢？听与看是不一样的，听是语言的东西，看是文字的东西，一个是对听觉起作用，一个是对视觉起作用。看，你可以前后左右，联系上下文来看，看不明白可以再看。听，一遍就过去了，你只能记住要点。讲话文稿与一般文章的区别，最重要的就是口头语言与书面语言的区别。这两种语言差别可大了，甚至口头语言与书面语言的语法都不一样。有时候一篇讲话讲得很好，很吸引人，很有水平，可你要是整理成书面文字，会感到到处都不通顺。比如，我们口语一般会说："太难办了，这件事。""真精彩，这本书。"北京话说："饭吃了吗，您哪？"书面语言是不会这样说的，它完全颠倒了。"五四运动"时期，开展新文化运动的一项重要内容，就是写文章从过去的"文言文"转变为现代的"白话文"，由古代流传下来的至简的书面语言转变为接近日常口语的书面语言。即使如此，现在的书面语言与口头语言也还是有很大差别。因此，我们研究写讲话文稿，就要结合讲话的特点，了解如何写好口头表达的讲话文章。

一篇很好的书面文章，不一定就是一篇好的讲话文稿。总的来说，讲话文稿更加口语化，语言简洁明快，令听者入耳，容易理解，便于记忆，听了以后能够记得住，并且印象深刻。讲话文稿的基本要求：一是不要过多地使用书面语言，特别是文件化语言，最好能够使用口语化的语言。二是层次非常清楚。书面报告可以用一二三再套几层一二三等来进行概括，划分出不同的段落；而口头讲话主要是内容的层次很清楚，听众并不知道你在哪里又分了一段。要尽可能简化层次，不要大一二三套许多小（一）（二）（三），这样就把听众搞乱了。三是语言朗朗上口，易记易传。如习近平总书记讲话中让人印象深刻而十分难忘的话，"撸起袖子加油干""打铁还须自身硬""钉钉子精神""踏石留印，抓铁有痕""壮士断腕，刮骨疗伤"等。还有一些重要的归纳概括，也让人容易记住。如"一个中心，两个基本点""五大新发展理念""'五位一体'总体布局""'四个全面'战略布局"等。

第三，讲话文稿一般不是下级向上级报告工作，而是上级向下级报告工作，一般的听众是下级，主要是工作报告。

比如政府工作报告，主要目的是总结和安排部署工作，同时也接受人民监督。因此，会议工作报告在语气上就不同于一般向上级所写的报告。一是可以娓娓道来，放得更开一些，增加些生动活泼的事例。二是要与听众进行交流，口气和语言都要有现场感，带着感情讲，以增强感染力。三是以领导的口气讲话，对工作有强调，有指导，有要求，有明确的导向性。四是态度诚恳，要以情感人，以理服人，增强鼓动性和号召力。

第四，讲话文稿一般是集体创作成果，甚至不完全是写出来的，而是决策的过程，也是"磨"出来的。

撰写领导的讲话文稿，一般是成立一个起草组，有一个负责人。起草的过程，是大家共同参与、集思广益的过程。作为起草组的成员之一，需要处理好"有我"与"无我"的关系。"有我"，就是说要充分发挥个人的积极性、主动性和创造性，提出自己的意见和建议，贡献自己的智慧和力量。"无我"，就是谁负责听谁的，谁是领导谁说了算，作为参与者不能够固执己见，不能总把自己的观点和看法放进去。这一点，说起来容易，做起来并不容易。不少从科研单位和高校调到政策研究部门的同志，往往会经历一个较长时间的痛苦的转变过程，这就是如何放弃自我，适应领导的要求和风格。记得有一位从科研单位调到政策研究室的同志，他说过一句很有感触的话："以前是只知道你是谁，不知道你为了谁；现在是只知道你为了谁，不知道你是谁。"专家学者是代表自己的，需要提高知名度，成一家之言；而为领导起草讲话文稿，是幕后工作者，保持低调不张扬最重要，最好没有自己。所以说，把握好"有我"与"无我"的"度"是很重要的，总的来说就是"该有你时要有你，不该有你时别有你"。

有记者采访问我，参与这么多年政府工作报告起草有什么体会，我说最大的体会就是报告不是写出来的，他就问不是写出来的，是怎么出来的？我说，报告的起草过程首先是党中央、国务院决策的过程，同时也是各部门认真研究工作的过程，是起草组广泛深入调查研究、听取各方面意见和建议的过程。因此，报告的起草过程是一个广泛发扬民主、集中民智、最大程度凝聚共识的过程。就是说，起草报告不是坐在房间里闭门造车，仅仅妙笔生花就能够写出来的，最重要的是它是领导决策的过程。一些重要政策措施，都是经过许多次反复讨论、协调、磨合，相关部门和地方提出意见，最后由领导拍板决策定下来的。对于起草组来说，报告也是"磨"出来的，是无数次反复修改、字斟句酌、精雕细刻、不断完善的过程，体现了精益求精的工匠精神。一是要建立在深入实际的调查研究的基础之上，熟悉和掌握各方面的情况，真正把情况摸准吃透。二是涉及一些重大政策措施，是要经过领导部门研究决策确定下来的。提出的政策措施，必须切实可行，要管用，发挥实际效果。这是本质的东西，是第一位的，至于表达始终是第二位的。

三、讲话文稿的基本类型和要素

讲话文稿一般有四种类型：

第一种是工作类讲话。一般是作为主讲人总结工作和部署工作。这类讲话应该比较实，把工作讲清楚，具体干什么事？目标、政策和措施是什么？这类讲话平时最多，如经济工作会议、农村工作会议、金融工作会议、环保工作会议、水利工作会议、医改工作会议、住房保障工作会议等。

第二种是致辞类讲话。一般是参加会议礼节性的、表态性的讲话。关键是强调一个重点，突出一个主题，要言不烦，而不是面面俱到。如在国庆招待会上的讲话、在春节团拜会上的讲话、在会议开幕式上的致辞等。

第三类是演讲类讲话。一般是参加重要的研讨会、论坛会上的讲话。这类讲话相对挥洒的空间大一些，更强调思想性，提出一些理念、思路、看法。如在中国发展高层论坛上的讲话、在亚洲博鳌论坛上的讲话、在达沃斯论坛上的讲话，还有如在哈佛大学的演讲、在国外议会上的演讲等。

第四类就是口径类讲话。包括接见、谈参、答记者问等。如在接见企业家代表时的讲话，在会见外国领导人时的讲话，还有答中外记者问等。这类讲话一般是提供谈话口径、参考要点、背景材料等，要求抓住关键，简明扼要，清楚明白。

讲话文稿一般有四个要素：领导布置起草一个讲话稿，首先要告诉你四件事（4W：What，When，Where，Who）：一是主题，稿子是干什么用的，突出什么主题。二是时间，什么时候讲的，是在经济工作会议之前，还是经济工作会议之后，要贯彻什么会议、讲话之类。三是场合，在什么场合，讲话前后的日程安排等。四是对象，哪些人参加，会议的范围。只有把这些弄清楚，才会对讲话有一个总体的把握。

首先，要站在领导的高度考虑问题，理解领导的意图，体现领导的思路和风格。写领导的讲话文稿，就要站在领导的角度考虑问题，把自己当作领导来思考。站位要高，"身为小兵，敢为帅谋"，要设身处地为领导着想，急领导之所急，想领导之所想，想领导之未想。我们平时说写得"到位""得体"，"分寸感"把握得比较好，就是说在领导所处的位置会不会说这样的话，应该不应该说这样的话，必须说什么样的话。这对讲话起草者来说，是很高的要求，要达到领导的思想水平、表达习惯、语言风格等，是不容易做到的。文稿的质量，关系到领导工作的水平和效果，关系到党和政府路线、方针、政策的贯彻落实，因此它不是简单的一家之言，而是涉及全局的政策性大问题。

其次，把握讲话的主旨，弄清楚所讲问题的来龙去脉。讲话的中心思想是什么？主要目的何在？所讲问题的前后变化、涉及的方方面面的情况，以及如何解决问题。一般来说，一篇讲话要突出一个主题，主题鲜明。如在国庆招待会上的讲话，一般是突出发展成就和发展目标的主题。在春节团拜会上的讲话，一般是突出喜庆和民生的主题。工作会议的讲话，就要对问题分析概括得准确、透彻，具有很强的现实针对性，部署工作要求清楚、明确，操作性强，能够解决现实存在的问题。

第三，了解听众的需要。讲话要有针对性，针对人们最关心、迫切想知道的东西来展开。比如，现在一些中国人参加的国际会议，国外听众都希望了解中国的看法和主张，中国在这些方面的发展情况和政策措施等。一般工作会议，听众希望了解工作取得了哪些进展，存在哪些突出问题，如何解决这些问题，下一步的主要目标任务是什么，采取哪些措施，如何把握政策界限等。

第四，要有现场感。讲话要注意现场的反应，最好能够与现场听众进行一些互动交流，这样可以调动现场的气氛，引导听众的注意力和兴奋点，取得更好的现场效果。比如，时任国务院总理朱镕基同志到美国访问，在对工商界演讲谈中美经贸关系时，麦克风突然没有声音了，他趁机幽默风趣地对大家说，美国的产品质量都很好，但是麦克风的质量却不高，我建议你们进口中国的麦克风。这引起现场一片笑声，既调节活跃了气氛，又意有所指地宣传了中国产品。

四、讲话文稿的写作要求

提高讲话文稿起草水平，涉及许多方面条件，体现了一个人的综合能力和水平，也是在实践中感悟和琢磨出来的，所谓"实践出真知""在游泳中学会游泳"。学习借鉴前人和别人的经验总结，结合自己参与文稿起草的认识体会，我感到应该注意以下几个方面。

第一，内容实在，文风朴实。

讲话文稿不像创作文学作品，不需要凭想象去构思创造，也不需要华丽的语言。讲话文稿的第一要求是平实，重在贵在实实在在，实事求是，用事实和数据说话，切忌讲空话、大话、套话。文以致用，言为心声。唐代诗人杜荀鹤在《秋日山中寄李处士》说："言论关时务，篇章见国风。"习近平总书记指出，实就是要讲符合实际的话不讲脱离实际的话，讲管用的话不讲虚话，讲有感而发的话不讲无病呻吟的话，讲反映自己判断的话不讲照本宣科的话，讲明白通俗的话不讲故作高深的话。这就要求我们的讲话文稿，力求反映事物的本来面目，分析问题要客观全面，既要指出现象，更要弄清本质；阐述对策要具体实在，要有针对性和可操作性。

比如《政府工作报告》，人们首先是看实不实，有没有实实在在的内容。这就要做到工作扎扎实实，措施实实在在，有许多务实管用的政策措施。人们评价报告"含金量高"，有许多"真招、实招、硬招"，这就是最高的评价了。报告既是一个"动员令"，更是一份"施工图"，体现真抓实干的精神，说实话、出实招、办实事、求实效，让人们看到真正能管用、能取得实际效果。

讲话文稿在语言风格上，一般要求平易朴实，深入浅出，通俗易懂，简洁明快。讲话要少用书面语言，不用文件语言，切忌官话、套话。不能生造词汇，说些晦涩难懂的话。不要夸张之词，不要渲染语言，不搞花里胡哨的东西，不哗众取宠，不说过头话，甚至少用形容词、副词，表达要有分寸感、恰如其分。最好是贴近基层、贴近群众，口语化、接地气、有温度，让老百姓听得懂、记得住、能管用。尽量使用口语化的语言，人民群众喜闻乐见的语言，大众的语言，而不是学者的语言。语言要朗朗上口，易记易传。邓小平的许多话成为名言，都是用通俗易懂的语言来说明深刻的道理，如"不管黑猫白猫，捉住老鼠就是好猫"、"摸着石头过河"、"贫穷不是社会主义"等。《政府工作报告》提出："让人民群众喝上干净的水、呼吸清新的空气，有更好的工作和生活环境。""财政收入增长虽放缓，但该给群众办的实事一件也不能少。""治理雾霾人人有责，贵在行动、成在坚持。全社会不懈努力，蓝天必定会一年比一年多起来。"

第二，简短精练，重点突出。

讲话文稿也不像写论文，洋洋洒洒，一个题目可以写几万字，甚至可以写一本书。最重要的是要简洁明快，简明扼要，做到精练、精准、精细、精益求精。清代郑板桥有一首诗："四十年来画竹枝，日间挥写夜间思。冗繁削尽成清瘦，画到生时是熟时。"文章的最高境界是简约，"施朱则太赤，施粉则太白，增一分则显高，减一分则见低。"要真正达到简约的境界，需要永无止境的追求。郑板桥说："删繁就简三秋树，领异标新二月花。"要简短，正像胡乔木说的："短些，再短些。"有话即长，无话则短，要言不烦，言简意赅。中国历史上的经典名篇都是简短精练，如诸葛亮的《出师表》《后出师表》和范仲淹的《岳阳楼记》。

毛泽东批评长而空洞无物的文章，就像懒婆娘的裹脚又臭又长。邓小平的文稿，有一种简朴平实的风格，少而精，短而明，很管用。习近平总书记说，短就是要力求简短精练、直截了当，要言不烦、意尽言止，观点鲜明、重点突出。能够三言两语说清楚的事绝不拖泥带水，能够用短小篇幅阐明的道理绝不绕弯子。

关于调查研究和文稿起草问题

毛泽东为人民英雄纪念碑起草的碑文，只有114个字，却反映了一部中国近代史。鲁迅先生说过，文章写完至少看两遍，竭力将可有可无的字、句、段删去，毫不可惜。现在，不少地方和部门按照中央改进文风会风的要求，提出以"能少则少、能短则短、能精则精、能简则简"为原则，尽可能开短会、讲短话、发短文。这"三短"，就是我们应当大力倡导的风气。

写长篇讲话不易，写短篇讲话更难。讲话的修改有时是不断压缩的过程，因为一般讲话时间和字数是限定的，那就必须把要讲的话装进有限的时间和文稿篇幅中。在无数次反复修改过程中，真正做到字斟句酌、精雕细刻，力求短，不多一句，不多一字。要达到精练的要求，必须十分注重提炼和概括，把许多要表达的话压缩到最少的语言中，留下让人印象深刻、记得住的观点思路、政策措施、名言警句。

讲话文稿一定要突出重点。虽然有时要照顾到面，考虑全面而力戒片面，但又不能面面俱到，平均用力。这就要处理好全面与重点的关系，做到有取有舍，详略得当，对于重点内容要像泼墨重彩画，而对于一般性内容则要像简洁的素描画。比较典型的如《政府工作报告》，需要照顾到方方面面的工作，该点的都要点到，该说的话都要说，但最重要的仍然是突出重点，重点讲关系经济社会发展全局的重大问题，讲关系人民群众切身利益的热点难点问题，要让人们在这些重点方面留下深刻印象，真正做到

"记得住、能管用"，这就会是一个成功的报告。

第三，层次清楚，逻辑性强。

讲话文稿应该条理非常清楚，要表达的内容让人听了以后清楚明白。这是一篇好的讲话的最基本要求。特别是一篇比较长的讲话，要让人听了以后，知道这篇讲话重点讲了什么，有哪几层意思，说清楚了什么问题，解决问题的政策措施是什么，等等。要做到层次清楚，最好不要层次太多，如用大一二三套小（一）（二）（三），再用阿拉伯数字1、2、3，甚至还来个（1）（2）（3）……就像开杂货铺一样，让人眼花缭乱。要尽量简化层次，层次越少越好，一般有"两层楼"即可，最多"三层楼"。所要表述的意思最好有个一二三，一般人们口头发言或简短的讲话，也爱讲个一二三，这是有道理的，简明而又清楚地表达思想是很重要的。

说到讲话的逻辑性强，除了层次清楚之外，更重要的是其内在的逻辑性。这包括：一是概念要清楚。特别是涉及政策性强的提法、表述，一定要把概念的内涵和外延界定清楚，这样才能让人准确把握，而不会出现偏差。比如低收入群众、困难群众、公租房、住房保障对象、下岗职工等，只有准确界定，才会有针对性和可操作性。二是推理要周延。能够自圆其说，没有矛盾和漏洞，保持内在的一致性。比如，人们都知道"黑天鹅事件"，就是指很少见的极端的个别的甚至例外的事件。如果有人说"天鹅都

53

是白的"，那么只要有人找出一只黑天鹅，就把这个结论给推翻了。三是判断要准确。这就涉及观点清楚、明确，当然还要正确，能够站得住脚，而让人驳不倒你。讲话要做到有论有据，思路清楚，条理性强，有说服力。

第四，有高度，有新意，有思想性。

文以质胜，起点要高，立意要深。三国时曹丕说："盖文章经国之大业，不朽之盛事。"一篇领导同志的重要讲话文稿，往往会成为历史文献。一篇好的讲话文稿，往往都是富有新意的，提出一些新理念、新思路、新举措。总的来说，起草讲话文稿，要体现改革创新的精神，从内容到形式都要有所创新。习近平总书记指出，新就是力求思想深刻、富有新意。如果一个文件、一篇讲话毫无新意，那么制定这样的文件、作这样的讲话还有多少意义呢？可以说，能不能讲出新意，反映一个领导干部的思想水平、理论水平、经验水平以及语言表达能力。这里所说的新意，既包括在探索规律、认识真理上有新发现、前人没有讲过的话，又包括把中央精神和上级要求与本地区本部门本单位实际结合起来，在解决问题上有新理念、新思路、新举措的话；既包括角度新、材料新、语言表达新的话，又包括富有个性、特色鲜明、生动活泼的话。

一篇演讲类讲话，往往要有新观点、新材料、新表述。如习近平主席在世界经济论坛 2017 年年会开幕式上的主旨演讲，是一篇经典的范例。这篇演讲，提出了中国关于经济全球化的主张，有论有据，有观点，有分析，以理服人。开头就很有新意："达沃斯虽然只是阿尔卑斯山上的一个小镇，却是一个观察世界经济的重要窗口。大家从四面八方会聚这里，各种思想碰撞出智慧的火花，以较少的投入获得了很高的产出。我看这个现象可以称作'施瓦布经济学'。"接着以新颖独特的方式提出问题："'这是最好的时代，也是最坏的时代'，英国文学家狄更斯曾这样描述工业革命发生后的世界。今天，我们也生活在一个矛盾的世界之中。一方面，物质财富不断积累，科技进步日新月异，人类文明发展到历史最高水平。另一方面，地区冲突频繁发生，恐怖主义、难民潮等全球性挑战此起彼伏，贫困、失业、收入差距拉大，世界面临的不确定性上升。对此，许多人感到困惑，世界到底怎么了？"接着分析问题："要解决这个困惑，首先要找准问题的根源。有一种观点把世界乱象归咎于经济全球化。经济全球化曾经被人们视为阿里巴巴的山洞，现在又被不少人看作潘多拉的盒子。国际社会围绕经济全球化问题展开了广泛讨论。今天，我想从经济全球化问题切入，谈谈我对世界经济的看法。"下面层层递进，在分析中提出自己的观点："我想说的是，困扰世界的很多问题，并不是经济全球化造成的。""历史地看，经济全球化是社会生产力发展的客观要求和科技进步的必然结果，不是哪些人、哪些国家人为造出来的。经济全球化为世界经济增长提供了强劲动力，促进了商品和资本流动、科技和文明进步、各国人民交往。""当然，我们也要承认，经济全球化是一把'双刃剑'。""经济全球化确实带来了新问题，但我们不能就此把经济全球化一棍子打死，而是要适应和引导好经济全球化，消解经济全球化的负面影响，让它更好惠及每个国家、每个民族。""面对经济全球化带来的机遇和挑战，正确的选择是，充分利用一切机遇，合作应对一切挑战，引导好经济全球化走向。"通篇起承转合，一气呵成，鲜明的观点和充分的说理给全场听众留下了十分深刻的印象。

第五，准确性、鲜明性和生动性。

毛泽东说："文章和文件都应具有这三种性质：准确性、鲜明性、生动性。"一篇好的文稿，要有精彩之处，有神来之笔，有神韵气势在里边，语言生动而不呆板，多姿多彩却无华而不实之感。我们读毛泽东的文章，就会感到贯通在文章中的气势和神韵。

准确性。用语、表述、事例、数据，都要非常准确。分析判断、思路观点、政策提法等，也都必须准确。讲话文稿中经常要用到一些重要的数据、事例等，有时候往往为了一个数字、一个事例，要花费很多时间、很大工夫，去再三寻找、再三核对，不能出现任何差错。重要讲话文稿的引文也是这样，有时候查找起来很困难。比如，我们有一次起草有关打击走私的讲话文稿，其中引用了马克思《资本论》中的一段话，当时只是记得大意是说资本的本性是追逐利润，为了50%利润，它就会铤而走险；为了 100% 的利润，它就敢践踏一切人间法律；如果有 300% 的利润，它就敢犯任何罪行，甚至甘冒绞首的危险。但是这段话准确的原话是怎么说的？是在什么地方说的？为了搞准确，拿来《资本论》三卷查找，最后终于找到了。原来这段话是在马克思《资本论》第一卷第二十四章"所谓原始积累"谈到"资本来到世间，从头到脚，每个毛孔都滴着血和肮脏的东西"时，在下面一个注释中引用英国评论家邓宁格的一段话："一旦有适当的利润，资本就胆大起来。如果有百分之十的利润，它就保证到处被使用；有百分之二十的利润，它就活跃起来；有百分之五十的利润，它就铤而走险；为了百分之一百的利润，它就敢践踏一切人间法律；有百分之三百的利润，它就敢犯任何罪行，甚至冒绞首的危险。如果动乱和纷争能带来利润，它就会鼓励动乱和纷争。走私和贩卖奴隶就是证明。"当时还没有网上搜索，只能拿来书一页一页翻找，现在上网搜索太方便了，什么都可以在网上查到，对搞不准确的东西应该上网查一下。准确性，更重要的是一些重大观点、重大政策提法的准确性。比如"实施积极的财政政策和稳健的货币政策"，什么是积极的财政政策？什么是稳健的货币政策？就要准确地表达清楚。

鲜明性。讲话文稿的观点要鲜明，表达方式也要鲜明，从内容到形式都要体现鲜明性。只有体现鲜明性，才能给人以强烈感受，留下深刻印象，才具有冲击力、震撼力。毛泽东在《中国社会各阶级的分析》中一开头就非常鲜明地提出问题："谁是我们的敌人？谁是我们的朋友？这个问题是革命的首要问题。"记得曾经看到报纸上有一篇报道，题目是《美国人的惊天大发现》，非常具有冲击力，吸引你想要看一看到底美国人的惊天大发现是什么。文章中说，中国产品为什么具有强大的国际竞争力，原来美国有人认为，主要是因为中国依靠大量廉价劳动力，再加上政府补贴，企业仿造假冒，低价倾销；后来他们发现，事情并不是如此简单，其中一个重要的方面就是中国具有完备的产业链和产品配套体系，比如在广东东莞一个地方，就可以买到生产电脑所需要的任何配件，而且供货时间短，价格便宜，能够满足客户的任何需求。这是其他国家所不具备的一大综合优势。有一些流传下来的名人名言，之所以被大家牢牢记住，一个重要原因就是其鲜明性。比如，马克思形容法国农民的特点，就像一个麻袋里一个一个的马铃薯。拿破仑说，中国是一头沉睡的雄狮，一旦醒来就会震惊世界。

生动性。文章犹如看山不喜平。一篇讲话文稿也是这样，要有起伏，有波澜，就像一首交响乐一样，有序曲，有发展，有回旋，有高潮，有结束。过去写文章讲究起承转合，有它的道理在。好的讲话文稿，必定是波澜壮阔，活泼多姿，生动形象。如毛泽东的一篇文稿《星星之火，可以燎原》，这是1930年毛泽东写给林彪的一封信，信中批评了林彪的错误思想，回答了关于红旗到底能打多久的疑问，其结尾的一段话就很有文采："中国革命的高潮就要到来，它是站在海岸遥望海中已经看见桅杆尖头了的一只航船，它是立于高山之巅远看东方已见光芒四射喷薄欲出的一轮朝日，它是躁动在母腹中快要成熟了的一个婴儿。"大家可以想象，这一幅幅画面博大壮阔而又生动形象的感觉。

毛泽东有三篇著名的文章，过去叫"老三篇"，这三篇文章都不长。一篇是《为人民服务》，这是在张思德同志追悼会上的演讲；一篇是《纪念白求恩》；一篇是《愚公移山》，这是在党的七大上所作的闭幕词。毛泽东最看上的是他的两篇哲学著作，叫"两论"：《矛盾论》和《实践论》，尤其是《实践论》，这是他下了大功夫写出来的，主要是为了批判王明的教条主义，这是对马克思主义理论的创造性发展。

习近平总书记的文稿既有思想性，又有艺术性，充分体现了毛泽东提出的"文章三性"——准确性、鲜明性、生动性。我们学习习近平总书记的讲话文章，既要学习他的思想性，也要学习他的文风、文采。2017年5月，习近平主席在"一带一路"国际合作高峰论坛开幕式上的演讲中，就用了许多鲜活的事例和语言，论述和说明"和平合作、开放包容、互学互鉴、互利共赢"的"丝路精神"。他讲道："公元前140多年的中国汉代，一支从长安出发的和平使团，开始打通东方通往西方的道路，完成了'凿空之旅'，这就是著名的张骞出使西域。中国唐宋元时期，陆上和海上丝绸之路同步发展，中国、意大利、摩洛哥的旅行家杜环、马可·波罗、伊本·白图泰都在陆上和海上丝绸之路留下了历史印记。15世纪初的明代，中国著名航海家郑和七次远洋航海，留下千古佳话。""酒泉、敦煌、吐鲁番、喀什、撒马尔罕、巴格达、君士坦丁堡等古城，宁波、泉州、广州、北海、科伦坡、吉达、亚历山大等地的古港，就是记载这段历史的'活化石'。""沿着古丝绸之路，中国将丝绸、瓷器、漆器、铁器传到西方，也为中国带来了胡椒、亚麻、香料、葡萄、石榴。沿着古丝绸之路，佛教、伊斯兰教及阿拉伯的天文、历法、医药传入中国，中国的四大发明、养蚕技术也由此传向世界。""阿拉木图、撒马尔罕、长安等重镇和苏尔港、广州等良港兴旺发达，罗马、安息、贵霜等古国欣欣向荣，中国汉唐迎来盛世。"这些都很生动形象，让人有具体的感受，增强了讲话的感染力。

第六，善于运用具体事例和比喻。

讲话文稿要不沉闷、不呆板，运用鲜活的事例和比喻很重要。毛泽东在讲话文稿中，非常善于运用历史典故、寓言故事、比喻等说明问题，非常生动形象。比如，引用"霸王别姬"的例子、"愚公移山"的例子，说"美帝国主义是纸老虎"等。1939年他在陕北公学对即将上前线的师生讲话时，引用了《封神演义》中的故事："当年姜子牙下昆仑山，元始天尊赠了他杏黄旗、四不像、打神鞭三样法宝。现在你们出发上前线，我也赠给你们三样法宝，这就是：统一战线、武装斗争、党的建设。"1949 年他在以新华社名义发表的新年献词《将革命进行到底》中，巧妙地引用了古希腊的伊索寓言"农夫与蛇"的故事，来说明不能对中外反动派发慈悲心，一定要将革命进行到底。

习近平总书记在演讲中非常善于讲故事，用得恰到好处，既活跃了气氛，又增强了吸引力。比如，在访问非洲的演讲中，特别举出在非洲热播的中国电视连续剧《媳妇的美好时代》，引起下边听众的共鸣，爆发出热烈的掌声。2014 年 6 月 5 日，习近平主席出席中阿合作论坛第六届部长级会议开幕式，他在讲话中说："同阿拉伯朋友见面，总有一见如故的感觉。这种亲近感缘于我们对待彼此的热情和真诚，也是缘于中阿两个民族的长期交往。"他特别提到一位约旦商人，"在阿拉伯商人云集的义乌市，一位名叫穆罕奈德的约旦商人开了一家地道的阿拉伯餐馆。他把原汁原味的阿拉伯饮食文化带到了义乌，也在义乌的繁荣兴旺中收获了事业成功，最终同中国姑娘喜结连理，把根扎在了中国。"《习近平讲故事》一书中，引用了许多这方面的例子。习近平总书记在演讲中也非常善于运用比喻。谈到各国应坚持走符合自身国情的发展道路，说"鞋子合不合脚只有自己知道"。在世界经济论坛 2017 年年会开幕式上的主旨演讲中，他用了几个非常好的比喻："当年，中国对经济全球化也有过疑虑，对加入世界贸易组织也有过忐忑。……在这个过程中，我们呛过水，遇到过漩涡，遇到过风浪，但我们在游泳中学会了游泳。""让世界经济的大海退回到一个一个孤立的小湖泊、小河流，是不可能的，也是不符合历史潮流的。""搞保护主义如同把自己关进黑屋子，看似躲过了风吹雨打，但也隔绝了阳光和空气。"

李克强在达沃斯论坛演讲中，曾经用了两个非常好的比喻，在通篇演讲中起到了画龙点睛的作用。2015年1月，在瑞士冬季达沃斯论坛上，讲到"瑞士达沃斯是世界滑雪胜地。大家知道，滑雪有三要素：速度、平衡、勇气"以此比喻中国经济发展，也有这三个特点。2017年6月，在大连夏季达沃斯论坛上，他在开头就讲道："昨天晚上，我会见施瓦布主席及部分与会嘉宾。我们站在平台上眺望远处，看到青山被薄雾笼罩，时隐时现。但这只是暂时的，薄雾终将散去，青山则长久屹立。我由此联想到，当前的世界经济何尝不是如此。……如果把青山喻为世界经济稳定性，薄雾喻为不确定性，咬定青山不放松，就能用稳定性战胜不确定性。"他在讲到中国经济发展时，用中国人下围棋来比喻："我想起中国人发明的围棋，既要谋势，又要做活，做活有两只眼。形象地讲，稳增长和调结构就是两只眼，做活了就可以谋大势，当然这需要眼光、耐力和勇气。"

第七，恰如其分地运用名言警句。

名言警句是千百年来留下来的真知灼见，言简意赅，精辟凝练，在讲话文稿中引用得好，能够起到增光添彩的作用，引起听众的共鸣，增强讲话的吸引力和感染力。毛泽东在这方面堪称典范，他熟读经史子集，博古通今，对于中国古代名人名言，他总是信手拈来，运用自如。如他在纪念张思德的《为人民服务》一篇演讲中，引用司马迁的话："人固有一死，或重于泰山，或轻于鸿毛。"在毛泽东的讲话文稿中，我们看到有"天下大势，合久必分，分久必合"；"不入虎穴，焉得虎子"；"兼听则明，偏信则暗"；"凡事预则立，不预则废"；"知彼知己，百战不殆"；"有则改之，无则加勉"；"即以其人之道，还治其人之身"；"民不畏死，奈何以死惧之"；"祸兮福所倚，福兮祸所伏"等，类似的成语典故很多。他也经常运用一些社会上各方面的名言警句，如他在批评一些同志身上存在的问题时，就引用了一副对联："墙上芦苇，头重脚轻根底浅；山间竹笋，嘴尖皮厚腹中空。"讽刺那些自身浅薄和对人尖刻的人。

习近平总书记善于在讲话中运用名言警句，非常贴切，恰到好处。2012 年 11 月 29 日，习近平总书记在参观国家博物馆"复兴之路"展览时，讲到中国的过去、现在和未来，用了三句诗词来比喻：过去是"雄关漫道真如铁"；现在是"人间正道是沧桑"；未来是"长风破浪会有时"。他在全国宣传思想工作会议上的讲话中，引用了王国维在《人间词话》中提出的"三境界说"，提出领导干部读书、学习也要有这三种境界：首先，要有"望尽天涯路"那样志存高远的追求，要耐得住"昨夜西风凋碧树"的清冷和"独上高楼"的寂寞；其次，要勤奋努力，即使是"衣带渐宽"也终不后悔，"人憔悴"也心甘情愿；再次，要坚持独立思考，要在学习和实践中"众里寻他千百度"，最终"蓦然回首"，在"灯火阑珊处"领悟真谛。他在参加河南兰考县委常委班子专题民主生活会时的讲话中，引用了清代郑板桥的一首画诗："衙斋卧听萧萧竹，疑是民间疾苦声。些小吾曹州县吏，一枝一叶总关情。"以此来说明当官要始终心中装着群众，时时处处想着为老百姓办事。2017 年 5 月 14 日，在"一带一路"国际合作高峰论坛开幕式上的演讲中，他引用了中国古语"不积跬步，无以至千里"；阿拉伯谚语"金字塔是一块块石头垒成的"；欧洲也有句话"伟业非一日之功"。2017 年 9 月 3 日，在金砖国家工商论坛开幕式上的讲话中，他引用闽南民众常说的话"爱拼才会赢"，还有"中国有句话叫良药苦口"，"万丈高楼平地起"，"一箭易断，十箭难折"等，都很有说服力。

李克强在《政府工作报告》中曾引用老子的话和网络流行语言："大道至简，有权不可任性。"在讲到简政放权时，他还引用了《后汉书·循吏传·刘宠》中的一句话"简除烦苛，禁察非法"。在讲到财政增收节支，政府要过紧日子，让老百姓过好日子时，引用了《荀子》中的"足国之道，节用裕民"，他说："坚守节用裕民的正道。"2014 年 10 月在第十届亚欧首脑会议上讲话时，他谈到中国坚持走和平发展道路，即使以后发展强大起来，也永远不称霸，引用了孔子的话"己所不欲，勿施于人"，说这是中国人的信条。在全国两会上答中外记者问时，谈到自己的人生格言，他说："在我个人的经历中，从读书、做事、文化熏陶当中，悟出一个道理，就是行大道、民为本、利天下。这九个字不是什么典籍的原话，是我的心得。我坚信，做人要正、办事要公，才能利国利民。"

朱镕基喜欢引用一句话："民不畏我严而畏我廉，民不服我能而服我公。公生明，廉生威。"温家宝喜欢在讲话中引用一些名言警句。比如，在全国两会记者招待会上，谈到台湾问题，他引用了于右任的一首诗："葬我于高山之上兮，望我大陆。大陆不可见兮，只有痛哭。葬我于高山之上兮，望我故乡。故乡不可见兮，永远不忘。天苍苍，野茫茫，山之上，国有殇。"另外一次谈到台湾问题，他引用了丘逢甲的一首诗："春愁难遣强看山，往事惊心泪欲潸。四百万人同一哭，去年今日割台湾。"这些都恰到好处，增强了讲话的吸引力和感染力。

（本文根据2019年6月在中国人民大学举办的广西壮族自治区办公厅系统培训班上的讲稿整理修改。）

·

从政府工作报告看调查研究和政策制定

今天很荣幸受邀来到南开大学周恩来政府管理学院，与大家一起交流。我是抱着非常崇敬的心情来这里的，因为周恩来曾在南开求学，是新中国第一任总理，现在中南海还保留着他的故居——西花厅，基本保持着原样，有一部电视剧《海棠依旧》就是以此为背景来呈现周恩来的工作生活、他的崇高形象和伟大风范的。此时此地，有许多感慨和怀念。我讲课的题目是："从政府工作报告看调查研究和政策制定"。

一、政府工作报告的起草过程和特点

每年全国两会，都是我国政治生活中的一件大事。近年来，随着我国经济实力、国际地位和影响力的不断提升，国内外特别是国外对我国两会的关注度越来越高，中外媒体记者都做了大量报道。

我连续参加了多年政府工作报告的起草工作，并且几次在中央电视台"全国人大开幕特别报道"作现场访谈，也接受过不少记者采访。国内记者经常问道：政府工作报告是如何起草的？你的最大感受和体会是什么？国外记者感兴趣的问题是：中国的政府工作报告为什么会有这么高的得票率？是不是人大代表不敢或不能投反对票？其实，这些都涉及了今天我要讲的一个问题，就是中国政府的政策是如何制定的？它与国外有什么不同？

国外与我们的政府工作报告相类似的，就是"国情咨文"和"施政报告"。如美国总统向国会发表的"国情咨文"，日本首相向国会发表的"施政方针演说"。但这些与我国的政府工作报告又有很大不同，甚至有根本上的不同。我们从几个方面来看：

第一，政府工作报告充分体现党和国家的重大决策部署。

我们党每过 5 年开一次全国代表大会，提出党和国家的大政方针，如 2022 年召开的党的二十大。我国政府每过 5 年按照党中央全会建议精神，制定国民经济和社会发展五年规划。2023 年的政府工作报告，首先要贯彻落实党的二十大精神，还要与国家"十四五"规划相衔接。还有就是在每年年底，党中央要召开中央经济工作会议，总结过去一年的经济工作，研究分析国内外经济形势，安排部署新的一年经济工作的大政方针和政策措施。国务院研究室一般是在国庆节以后，就要专门成立起草组，先是准备中央经济工作会议有关讲话，接着就是准备起草政府工作报告。

在起草报告过程中，直到两会召开之前，有四次重要会议讨论和审议政府工作报告。按时间顺序，政府工作报告于每年1月初要上国务院常务会议讨论，国务院领导和主要部门对报告提出意见和建议。修改以后，接着上中央政治局常委会会议审议，总书记和中央政治局常委提出修改意见。接着就是于春节前召开国务院全体会议，国务院所有部门都参加，讨论报告并提出意见和修改。最后一次就是两会前，总书记主持召开中央政治局会议，审议政府工作报告。大家注意到，两会期间中央领导同志到代表团参加审议，都表态完全赞成政府工作报告，因为许多人都参加审议讨论不止一次，已经充分发表过意见并被吸收进报告了。

第二，政府工作报告广泛凝聚全国上下各方面的最大共识。

在国务院全体会议之后，报告要下发到全国各地方和中央国家机关各部门、各单位，广泛征求意见。起草组要汇总起来上千条意见，对报告做一次大的修改完善。同时，国务院总理要召开几次座谈会，包括各民主党派、全国工商联和无党派人士座谈会；专家学者和企业家座谈会；教科文卫体和基层代表座谈会等，如中小学老师、农村种粮大户、快递员等参加，听取各方面的意见和建议。

在这之前，政府工作报告起草组已经召开过多场座谈会听取意见。如召开各省区市政府研究室系统座谈会、中央部委政策研究部门座谈会、专家学者座谈会等。还有召开一次非常特别的座谈会，就是国务院研究室与国家外国专家局联合召开"外国专家座谈会"，听取外国专家对中国政府工作报告的意见和建议。这些外国专家包括诺贝尔奖获得者、各个领域的在华专家，他们对受邀参加这样的座谈会感到非常新奇和激动，作为一个外国人来给中国的政府工作报告提意见，这是他们从来没有想到或听说过的事，他们甚至都没有经历过给本国的政府工作报告提建议这样的事，认为这种做法太好了，也想建议他们的国家学习借鉴中国的做法和经验。

第三，政府工作报告突出经济社会发展的重大政策举措。

报告在总结过去一年工作和部署新的一年工作时，都要照顾到各部门各方面，但又不能面面俱到，而是要突出重点。报告要突出经济社会发展的重大问题，包括国家重大战略、重大政策、重大举措，可以说是一年的"政策集大成"。

说到报告是如何起草的？我对记者说，报告不是写出来的，而是磨出来的，政府工作报告的起草过程，事实上是党中央、国务院研究制定政策的过程。报告中的许多政策措施，都是按照党中央的要求和决策部署，国务院具体研究制定的。一项一项政策举措，都花了很大工夫，有的反复论证、反复测算，部门之间反复沟通，最后决定下来。特别是一些政策涉及财政资金，是要花钱办事的，都要不断算账，精算到具体收入支出情况。特别是减税降费，财政部前前后后拿出了无数个方案，不断地算账，减多少，从哪儿减，对中央财政收入的影响，对不同地方财政的不同影响，如何弥补财政收入的缺口，做到财政收支基本平衡等。还有就是降低企业社保缴费，尤其是养老保险费，更是要精打细算，不断地对比方案。还有如职业教育扩招，网络提速降费，降低工商业电价，降低过路过桥费，实施农村饮水安全工程，还有民生中的许多措施，如提高养老金和城乡低保标准、提高大病保险报销比例等等，都要一笔一笔地算账，算出来才能定下来。因此，报告的起草过程，说到底是研究和制定政策的过程。

报告起草过程中最难的事是什么？就是压缩篇幅。一篇政府工作报告一般2万字左右，起草的第一稿一般达到3万字以上，每一次征求意见后，基本上都是做加法，要求增加内容的，没有做减法的。必须不断地压缩文字，增加了以后再压缩，一次次增加，又一次次压缩，到最后可以说是"字斟句酌、精雕细刻"，尽量做到不多一句、不多一字。有的部门提建议，就要求增加两个字，比如在"旅游"前面增加"全域"两个字。

第四，政府工作报告切实回应人民群众的关切和期待。

国务院向全国人民代表大会报告工作，实质上是政府向人民报告工作，是接受人民检验的"年度大考"，要向人民交上一份"合格答卷"。报告必须突出人民群众关心的热点难点问题，包括教育、医疗、就业、社保、住房、环保等方面，可以说是送给人民群众的"民生大礼包"。

在报告起草过程中，对涉及民生的事，一件一件加以梳理，并且要办实办好。这些年来，中国政府网每年都联合多家网站，开展"我向总理说句话"网民建言征集活动，网民提意见非常踊跃，既有国内网民，还有海外华人，也有外国人，共收集几十万条建议，汇集成十多本，都提供给起草组研究参考。有的网民还作为基层代表，参加总理主持的征求政府工作报告意见和建议座谈会，把他们的意见直接向国务院反映。

政府工作报告作为一种规范文本，除了突出准确性、规范性、权威性之外，还要做到文风朴实、简洁明快，更要注重深入浅出、通俗易懂、贴近群众，多用老百姓的话，做到口语化、接地气、有温度，让人民群众听得懂、记得住、能管用，最好是让人民群众有感受，入耳入心，引起共鸣。

第五，政府工作报告认真吸收采纳人大代表和政协委员的意见和建议。

两会期间，人大代表对报告进行审议，政协委员对报告进行讨论，起草组都要下派到各个代表团听取意见和建议。国务院办公厅和各部委也都派人听取意见，并汇总整理上报，以便改进工作和研究解决问题。一般按照要求，根据代表和委员的意见，对报告做一次大的修改，能吸收的意见尽量吸收，不能吸收的也要向代表和委员作出说明和解释，以求得他们的理解。报告起草组还要代国务院向全国人大写出关于政府工作报告修改情况的说明，提请人大审议。

在报告通过之后，国务院新闻办公室还要召开一次吹风会，就政府工作报告的修改情况，向媒体作说明解释并回答国内外记者的提问。

第六，政府工作报告必须全面贯彻落实到全年各项工作之中。

经过人大批准，政府工作报告就成为具有法律效力的权威文件，国务院要认真落实。一般在两会之后，国务院常务会议都会将报告逐条分解，落实到各个部门。在接下来的一年工作中，国务院常务会议会一个一个专题来研究部署，制定实施具体的政策措施，目的就是要确保政府工作报告提出的政策措施得到有力有效落实。政府工作报告提出的各项指标，一般分为两类：一类是预期性指标，主要是引导预期发展的，如经济增长、城镇调查失业率等；一类是约束性指标，是必须切实完成的，如单位能耗、污染排放等。还有其他许多量化指标，都要作为政府工作目标，认真落实并报告其完成情况。

由此我们可以看出，政府工作报告的起草过程，确实是一个广泛发扬民主、集中民智、反映民意、凝聚民心的过程。正是由于以上这些特点，中国的政府工作报告不同于其他国家的国情咨文和施政报告。其他国家虽然也要提出政府的施政方向和工作要点，但不是全面报告过去一年的工作和安排部署未来一年的工作，只是阐述他们认为的重要方面；没有这么深入细致的研究决策，也没有这么广泛地征求意见，也没有议会的审议表决通过，也不需要一项一项去落实。

这就回答了我们开头提出的问题，中国的政府工作报告得票率高的"秘密"就在于：我们的报告是在自上而下、反复多次、广泛征求各方面意见的基础上形成的，也是未来一年必须落实和完成任务的，可以说形成全社会的"最大公约数"。其实，在人大代表投票时，也不是所有人都赞成，每年也会有反对票和弃权票，但得票率始终保持在98%甚至99%以上，有时只有几张反对票或弃权票。中国的政府工作报告，就像我们的国家中长期发展规划一样，体现出中国的制度优势，充分显示出党的领导和决策力、政府的组织和执行力、全社会的凝聚力和人民群众的创造力。

由此我们也可以看出政府制定政策的基本情况，最突出的就是：深入进行调查研究；广泛征求和采纳各方面意见；凝聚共识形成"最大公约数"；贴近群众回应人民关切；认真负责全面贯彻落实；确保完成全年目标任务；向人民群众交出合格答卷。

二、调查研究、写作和讲话是行政工作的基本功

对于从事行政工作来说，有几项基本功是必须具备的。从我的经验体会来看，有三大基本功：一个是调查研究；一个是写作；

一个是讲话。当然对于领导来说，还要会用人、会干事才行。

调查研究是一项基本的工作方法。党政部门制定政策、布置工作、检查落实等，都涉及调查研究问题。毛泽东有句名言："没有调查就没有发言权。"习近平总书记进一步指出："没有调查就没有发言权，没有调查就没有决策权。正确的决策离不开调查研究，正确的贯彻落实也离不开调查研究。"他强调："调查研究是谋事之基、成事之道。""调查研究不仅是一种工作方法，而且是关系党和人民事业得失成败的大问题。""重视调查研究，是我们党在革命、建设、改革各个历史时期做好领导工作的重要传家宝。"

人们在社会中生活、在工作实践中，会积累形成许多对社会和各方面情况的经验和认识，这些来自实际生活的知识是非常有用的，会影响甚至决定我们对事物的判断和选择。但从根本上说，这些知识可能仍然局限于经验的层次，而没有上升到科学认识的高度。我们平常自以为很熟悉的东西，很多时候并没有真正了解和认识它，可能是习以为常，反而不知其所以然了。甚至我们长期认为是正确的、不可改变的事情，反而可能是不正确的。比如，我们都知道清明节前后种树，如果进一步问，为什么必须要在清明节前后种树，其他时候不行吗？我国中原地区四季分明，一年有二十四节气，清明节前后正是草木发芽的时候，种上树以后就可以看出树有没有活，而且可以更好地生长。但世界上一些国家可能处于热带甚至赤道附近，也有的国家一年中只有雨季和旱季，那他们肯定不会也无法在清明节种树了。中国人喜欢喝热水，尤其是冬天认为喝凉水对身体不好；可西方人一年四季都喝凉水，甚至冬天也加冰，实际上这只是一种习惯而已。还有就是中国妇女生孩子有坐月子的习惯，一个月时间不能外出、不能受风、更不能洗澡等；而许多外国人根本就没有坐月子这一说，生了孩子之后第二天就洗澡了，照样外出，也没有发现对身体造成什么害处，如此等等。还有很多例子，都说明从个人经验出发甚至从众人经验出发，得出的认识和结论往往有很大的局限性，甚至有可能是错误的。因此，我们要获得对于事物特别是社会现象的正确的科学的认识，就必须进行深入全面的科学的调查研究。

对于政府部门的工作更是如此。各个部门都需要经常进行调查研究，了解分析各方面的情况，及时发现问题、研究问题和解决问题，提出有针对性的政策建议，推动工作进展和政策落实。

科学不同于常识，科学的调查研究也不同于一般的日常生活中简单的调查研究。其区别主要表现在：一是常识往往看到的只是事物的表面现象，而没有达到对事物的本质认识，而本质的东西有时候可能被表面的现象所掩盖。二是常识往往容易认识简单现象，而不大容易认识复杂现象，对于非常复杂的现象则必须进行科学系统的观察和研究。三是常识往往看到的只是偶然现象，经验再多也总是有限的，难于穷尽无限的可能性，科学则达到了对事物的普遍性认识，不会被偶然现象所左右，从而达到了认识规律性的高度。

习近平总书记深刻指出："调查研究是一门科学，也是一门艺术。调查研究是一门致力于求真的学问，一种见诸实践的科学，也是一项讲求方法的科学。"我们需要系统地学习和掌握有关调查研究的理论与方法，真正把调查研究建立在科学的基础之上。

从事行政工作，特别是从事领导工作，写作和讲话都是必备的基本功，必须具备写作与讲话的本领。

行政工作离不了开会布置工作，开会就要讲话，甚至开会最重要的就是讲话。筹备会议，在很大程度上也是准备讲话，如果没有一个准备好的讲话稿，会议怎么开？对于一些重要的会议来说，尤其如此。比如，邓小平谈到，1975 年筹备召开四届人大，毛主席让他负责起草周总理的政府工作报告，正是在这次报告中提出了四个现代化的历史性任务。

在行政部门工作，既要有较高的写作能力，又要有较高的讲话能力。这两者相结合，就产生了一个新的重要要求，提高讲话文稿的写作能力。我们的学校教育中，偏重于听和看的训练，缺乏写和说的能力，大学和研究生教育尤其如此。这就使得许多高校毕业生的写作和讲话能力不过关，语言文字的功底欠缺，影响到各方面的工作。现在，大学开展了一些演讲比赛，但还是太少，因此撰写演讲稿的机会也不多，这就更加限制了写作讲话文稿的能力。

　　有人问我：世界上最难写的文章是什么文章？从我的工作体会来说，最难写的文章就是讲话文稿，尤其是领导的讲话文稿。首先，领导的讲话文稿要求高，它体现的是领导的高度和格局，是领导的意图、要求、水平、风格，而且不同的领导还会有不同的风格和要求。文章写得行不行？好不好？不是你自己说了算，评价标准不是你自己而是领导。其次，更重要的是，讲话文稿不同于一般的书面文章，它不是用来听的而是用来看的。这有什么差别呢？听与看差别可大了，听是语言的东西，看是文字的东西，一个是对听觉起作用，一个是对视觉起作用，这就如同音乐和美术的差别一样大。讲话文稿同书面文章的区别，最重要的就是口头语言与书面文字的区别，甚至它们的语法都不完全一样。有时候，口头语言听起来没有问题，而如果直接变成文字就很别扭。一篇很好的书面文章，不一定就是一篇好的讲话文稿。讲话文稿就像说话一样，必须口语化，朗朗上口，语言简短明快，令听者入耳，容易理解，便于记忆，听了以后能够记得住，并且能够留下深刻印象。

　　总的来说，从事行政工作必须具备调查研究、写作和讲话这三门基本功。而这些除了需要基本的条件之外，诸如比较丰富的实际经验、较高的政策研究水平、比较宽的知识面、开阔的思路和扎实的语言文字功底等，还需要在工作实践中不断磨炼、不断总结、不断感悟。记得有一位长期从事这方面工作、并很有心得的同志说，调查研究、写作和讲话虽然有很多技巧，有很多经验可以学习借鉴，但这仍然只是"术"的层次，真正高水平的是达到"道"的境界，成为"悟道之人"和"得道之人"。宋代诗人陆游有一首诗《冬夜读书示子聿》："古人学问无遗力，少壮功夫老始成。纸上得来终觉浅，绝知此事要躬行。"所讲的就是这个道理，要把学习和实践结合起来，由"术"及"道"达到更高的境界。

三、智库研究的不同特点与基本方法

现在，全国上下正在形成一场"智库热"，已经建立了二三十家国家高端智库，许多地方也在建设高端智库。国务院研究室是国务院办事机构，是政府机关，不像国务院发展研究中心那样是国家高端智库。我们是国家高端智库理事单位，每年负责为智库出题目，并采用智库研究成果。这几年，国务院研究室与中国科学院共建了"中国创新战略和政策研究中心"，举办"科学家月谈会"，是一种国家新型智库的实践探索。我也较多参与了智库课题咨询和评审工作，从政策研究部门与科研机构的交叉视角来看智库研究，有一些新的感受和认识。

什么是智库？简单地说，智库就是要发挥"智囊"和"谋士"的作用，能够出谋划策，提供"锦囊妙计"。中国历史上有许多谋士，诸葛亮就是最杰出的代表，未出茅庐，已知天下三分，提出了著名的《隆中对》。国外的智库，最有代表性的就是美国的兰德公司、布鲁金斯学会等。

我的总体感受是：智库研究不同于科研机构的学术研究，它主要是政策研究，是为决策服务的。因此，智库研究与学术研究相比，是一条不同的路子，有其特殊要求。记得有一位从科研单位调到政策研究部门的同志，他谈到两者的不同时说："以前在科研单位工作，只知道你是谁，不知道你为了谁；现在在政策研究部门工作，只知道你为了谁，不知道你是谁。"这两句话比较形象地说明了两者的差别。

中国的多数智库，过去主要是搞学术研究，现在兼顾学术研究与智库研究两方面，甚至更多转到智库研究上来。智库研究与学术研究相比，概括起来主要有"三大不同"：

一是服务对象不同。学术研究的服务对象，或者说读者对象，主要是同行研究者，是给学术研究圈内人看的，更广泛的会扩展到一般有兴趣的读者。而智库研究的服务对象、读者对象，则主要是决策部门和领导同志。对象的不同就提出了截然不同的要求。

二是目标价值不同。学术研究主要是阐释新的发现和规律；而智库研究主要是提出好的政策建议，为领导和部门决策提供咨询参考。这就决定了其研究路径和方式也是很不相同的。学术研究一般是一家之言，是个人的学术成果；而智库研究往往是团队成果，甚至代表集体的意见。而这在研究中需要处理好"有我"与"无我"的关系。

三是成果形式不同。学术研究成果形成的是科研论文和学术著作，要使用规范的学术性语言，符合学术范式。而智库研究最后形成的是咨询报告和决策建议，不需要甚至要避免学术语言范式，而是要符合决策部门和领导的要求。

总的来说，智库研究的基本定位可以概括为：服务决策，政策研究，咨询报告。

中央提出建设国家高端智库，除了具有智库研究的一般定位之外，还有更高的要求，那就是：高水平、权威性、知名度和影响力，要达到国家一流甚至世界一流水平，具有较大国际知名度和影响力。高端智库就是"高级智囊"和"重要谋士"，要体现高水平和大智慧，能够为党和国家决策提供咨询参谋。我们在工作中有一个体会，就是要做到"身为小兵，敢为帅谋"，设身处地，换位思考，站在领导的高度、站在国家全局的角度考虑问题，"急领导之所急，想领导之所想，想领导之未想"，这样才能发挥好咨询参谋作用。

智库研究方法不同于学术研究方法，简单来说：智库研究主要就是调查研究。智库成果一定要建立在深入系统的调查研究的基础之上。智库研究方法强调"四个注重"：

第一，注重问题导向和政策导向。

一项智库研究课题，研究内容一般包括四个方面：一是研究课题的重要价值和意义；二是发展现状与存在问题；三是国际比较与经验借鉴；四是对策思路与政策建议。

要善于发现问题和提出问题。选题很重要，选好了题目就成功了一半。研究问题要发挥自己的专长和优势，一般选择自己熟悉、真懂得的问题，而不要研究自己不太懂、有局限的问题。研究题目不宜太大，最好是"小切口，大问题"。研究题目越具体越好，大而无当反而如"老虎吃天无处下口"。选好题目就要进行"预研究"，主要是收集研究资料，了解已有研究成果，知道别人研究进展到什么程度，找到研究问题的切入点和突破口。

要聚焦决策需求和政策建议。全面收集已出台的政策措施，了解政策的空白点和不足之处。不然可能研究了半天，提出的政策建议已经过时了，出台的政策已经有了甚至可能更详细更全面，最后变成了无用功。我看到有一个智库课题，研究如何改革和完善医学教育，而国务院办公厅已经下发了《关于加快医学教育创新发展的指导意见》，提出了许多方面的政策措施，在这种情况下如何进一步研究并有所突破，就比较困难了。

智库研究深入实际调查很重要，重在了解实际情况，发现实际问题，总结实践经验，不然就会是"纸上谈兵"、"闭门造车"，很可能脱离实际。调查研究要做到"吃透两头"：一方面吃透上头政策；另一方面吃透下面情况。最好能够做到"顶天立地"："上接天线，下接地气。"

智库研究一定要在政策研究上下功夫，要熟悉政策，甚至弄通政策和吃透政策，变成一个方面政策研究的专家，这样才能在政策建议上有发言权，并提出高人一筹的政策建议。

前几年，我们到浙江义乌进行调研，主要围绕国际经贸流通体制改革。义乌建设"世界小商品之都"，提出"买全球、卖全球"，这里的突出特点是市场采购贸易＋跨境电商，与传统的大宗货物贸易有很大不同，因此涉及的海关监管、出入境管理、跨国信贷等都有很大区别，再加上义乌大规模的国内国外人口流动、居住经商等，已经成为一个常住人口超过百万的大城市，需要规模相应的金融、税务、公安、教育、医疗等服务，但义乌仍然是金华下面的一个县级市，各方面管理和服务都受到行政级别所决定的编制职数的限制，出现了"小马拉大车"、"桌子底下放风筝"、"孙悟空戴着紧箍咒"等问题，遇到了市场配置资源与行政配置资源的很大矛盾，亟需通过改革打破对生产力发展的束缚和制约。通过这次调研，我们更深刻感受到市场经济发展和创造财富的巨大魔力，正像习近平总书记当年在浙江工作时对义乌作出的精妙评价："莫名其妙、无中生有、点石成金"。可以说，义乌是中国改革开放历史变迁的一个缩影和标志，提供了我们认识和研究社会主义市场经济的一个最佳范本。

第二，注重调查研究的信度和效度。

信度和效度是调查研究的两个基本要求。信度就是调查的可信度、真实性；效度就是调查的有效性、代表性。一项好的调查研究，应该是既有信度又有效度，既可信又有效。比较重要的大型调查，一般还要进行信度和效度检验。

我们在调查中经常会碰到真实性的问题。了解情况难，了解真实情况更难。这一方面是因为弄虚作假现象的存在，让你不敢相信；另一方面即使没有弄虚作假，调查本身也有一个去伪存真的问题。一般在调查中，被调查者总是想让你看好的、对他有利的情况，而不会说对他不利甚至有害的情况。社会现象不同于自然现象的一个最重要特点，就是社会现象往往受到人为因素所左右，包括个人的情感、价值取向、特别是利益影响。我们平常说："知人知面不知心。"马克思说："人的本质，在其现实性上，它是一切社会关系的总和。"我们在社会调查中，经常会遇到这样的问题：调查对象愿不愿意说实话，说到什么程度，说实话对他有什么好处或有什么坏处，这都是他要考虑的问题。就是说，对于同一件事情，由于人们的立场、价值理念、利益取向等不一样，往往会有不同的看法和说法，对同一个人也会有不同的评价。

调查者要学会始终掌握调查的主动权，是你要牵着别人的鼻子走，而不是让别人牵着你的鼻子走，还要学会如何变被动为主动，了解到我们想要了解的东西，这需要有一定的方法。一是善于召开座谈会并善于提出问题。开座谈会是一种最常用的调研方式，但要主持好座谈会需要一定的水平和技巧，需要有驾驭场面的能力，掌握座谈会的主动权。要在发言的人愿意讲的东西之外，善于提出问题进行引导，了解到我们想要了解的情况。二是善于进行一些随机调查。包括明察暗访、微服私访。中央肯定北京市倡导的"四不两直"调查：不发通知，不打招呼，不听汇报，不陪同接待；直奔基层，直插现场。在调查中不能什么都是下面安排好的，要主动寻找自己感兴趣的调查点和调查项目，这可以摸到不少真实情况。三是善于进行掩饰性调查。有的调查可能比较敏感，被调查者有顾虑，不大容易配合。因此，需要采用一些掩饰性问题。降低所提问题的敏感性，逐步引导到想要了解的问题上来，以利于了解和掌握真实情况。

调查的有效性也就是调查对象的代表性。一些典型调查，好的先进的典型，可能都是真实的、可信的，但问题是它有多大的代表性？我们经常说，实事求是，一切从实际出发。但你是从1%的实际出发，还是从99%的实际出发？实事求是，必须从最有代表性的事实出发。列宁说过，任何一个观点，哪怕是再荒谬的观点，也能找到它的事实根据。调查研究中，最重要的是要调查了解一般的情况、最大多数的情况、最有代表性的情况，而不是极端的情况、个别的情况。政策建议也要建立在最广泛的大多数情况的基础之上，这样制定的政策才会收到好的效果。如果仅从个别的极端的情况出发来制定政策，那必然造成极端的错误。

调查对象的代表性，涉及社会现象的随机性问题。选择调查的样本必须有足够的代表性，这样才能由样本推论到总体，得出普遍性的结论。抽样调查比起典型调查，是一种比较科学的调查方法，它是建立在数学上的概率论和数理统计的基础之上的。我们调查的样本最好是随机抽样，包括分层抽样和分类抽样，以保证其对总体来说具有足够的代表性，随着抽取样本数量的增大，就会逐步呈现出一定的统计规律性。如国外的民意测验对总统选择所作的预测，一般通过分层抽样抽取 3000 个以上的样本，就可以对总体作出比较准确的推论。

中央强调听真话，查实情，既报喜又报忧，不唯上、不唯书、只唯实。实事求是，说起来容易做起来难。要说真话，不说假话，但也不是所有的真话都说，同时说真话也要讲究方式方法。比如，亲戚熟人得了癌症，你会向他做善意的隐瞒，或者用一种比较委婉的、他能够接受的方式告诉他。孔子说："可与言而不与之言，失人；不可与言而与之言，失言。知者不失人，亦不失言。"这真是世事洞明的智慧之见，可以作为我们的座右铭。

第三，注重分析问题和解决问题。

分析问题，就是要找到问题发生的原因，其根源是什么，发现最主要的相关关系，特别是因果关系。在调查研究中，要注意区别几种不同的相关关系。首先是真相关与假相关。有些现象表面上看有相关关系，而实质上没有相关关系，这就是假相关关系。在调查研究中，首先要排除假相关关系，不为表面现象所迷惑，找到真相关关系。其次是正相关与负相关。两者现象之间是正向的相关关系，还是负向的相关关系，有时也是难以弄清的，可能既有正相关，也有负相关，也就是说利弊得失关系都有，只是多一点少一点而已，那我们就要分析正负相关的多少和程度。还有高相关与低相关。在许多影响因素中，每一个因素有多大的相关关系，而最主要的相关关系是什么，这往往是分析研究问题时最难以把握的。比如，世界上有许多人研究治疗癌症，到底患癌症的原因是什么？什么因素在其中起决定性作用？有人发现，患食管癌多的地方与其水土环境和饮食习惯是有关系的，但仔细分析起来却并不容易，需要排除许多可能无法排除的因素。大家都知道，肺癌与抽烟是有关系的，但到底有多大关系？为什么不抽烟的人得肺癌的也不少？其他因素又有多大影响？等等，这些并不容易真正研究清楚。社会调查研究中，往往需要深入的分析，才能找到事物之间的内在联系。智库研究不同于学术研究，其中一个重要方面，就是寻找和发现最主要的相关关系，而舍弃次要的相关关系，特别注意因果关系的分析。要抓住主要矛盾和矛盾的主要方面，找到问题的症结所在，从而提出关键性的对策和举措，起到事半功倍的效果。

正是由于社会现象不同于自然现象，人们的行为方式受到其主观意识的支配和影响，因此才有对人们行为方式背后动机和意图的分析。美国文化人类学家鲁思·本尼迪克特有一本名著《菊花与刀》，是关于日本人的文化心理和行为方式的研究专著，对于理解日本人既野蛮又文雅、既勇敢又怯懦、既保守又善变的矛盾性格，对于美国在二战后有效统治日本，提供了很有价值的参考和帮助。我们分析研究社会问题，既需要客观实证，也需要主观理解；既需要定量分析，也需要定性判断，要把这两者很好地结合起来。在我们的社会调查研究中，以前过于偏重定性研究，主要是宏观把握，带有大而化之、缺乏精准性的缺陷；后来学习借鉴国外的研究方法，有些人又过于偏重定量分析，过于强调研究的精准性，通过建立数学模型和代数、公式等进行研究，利用各种图表来分析相关数量关系，这对于纠正过去偏重定性研究而忽视定量分析的做法，无疑起到了纠偏的作用，但矫枉过正又带来了过于量化而缺乏实质性的研究结论。我们现在也需要纠正过于偏重定量分析带来的偏差，更加重视定性研究，使两种研究方法能够优势互补、相得益彰。

第四，注重政策建议的可行性、操作性和有效性。

智库研究要"研以致用，以用为贵"，最终目的就是提出有用的政策建议。作为国家高端智库，就是要出大主意、好主意，而不能出基本无用的主意、无关紧要的主意，更不能出歪主意、馊主意。不能不切实际，不着边际，隔靴搔痒，纸上谈兵。就是说，政策建议必须要有价值，并且真正切实可行。

政策具有可操作性，能够真正解决问题，并且还有一个重要方面，就是能够发挥好的效果，而不会带来很大的偏差和副作用。任何时候都没有绝对好的政策，政策的制定和实施是权衡各方面利弊得失的结果，也是上下左右各方面博弈的结果，只能是利大于弊，好处很多，而坏处很少。一项看起来很好的政策，并不总是能达到好的效果，不能好心办坏事。有些政策的初衷和出发点是好的，想得也比较全面周到，但政策执行和实施的结果却出现很大偏差和副作用，甚至带来灾难性的后果。古往今来，这方面都有不少教训。如历史上著名的王安石变法，改革的一项重大举措就是实施"青苗法"，政府在农民青黄不接时提供"青苗贷款"，这有点类似现在的农业银行，秋收以后再还款。本来是一件好事，但实行以后到下边就变形走样了，变成了强迫贷款、强迫还款，逼得民不聊生、怨声载道，好事变成了坏事，最后以失败而告终。

政策研究是一门科学，要注重政策的稳定性和连续性，不能朝令夕改，变来变去，让人无所适从。还要注重政策的科学性与协调性，各方面相关政策要配套配合，相互协调，而不能各自为政，互相冲突抵消。单个的政策可能效果是好的，但各种政策放在一起相互作用就可能出现反效果，要防止出现政策合成谬误。

研究制定政策时，就要充分考虑政策执行过程中可能产生的问题，要防止出现政策漏洞，是否需要及时"打补丁"；要考虑到政策执行过程中是否会变型走样，防止"一本好经被歪嘴和尚念歪了"。对于研究制定政策的人来说，政策实际执行中的很多弯弯绕，也应该了解，否则政策下去会是什么样，可能出乎意料，不能"差之毫厘，失之千里"。

毛泽东说："政策和策略是党的生命，各级领导同志务必充分注意，万万不可粗心大意。"政策研究关系到国计民生，大到关系国家前途命运，小到关系许多人的切身利益，必须慎之又慎，善始善终。

四、政策研究报告的写作要求

政策研究报告，或者决策咨询报告有什么特点？我觉得这有点像中国古代的"奏折"。我国的历史名篇中有不少"上疏"、"上表"、"谏书"、"策论"等，如著名的"海瑞上疏"、诸葛亮的《出师表》、李斯的《谏逐客书》、贾谊的《治安策》、韩愈的《谏迎佛骨表》等，这些都是我们智库研究应该学习参考的"范本"。科学家写的咨询报告中，钱学森先生向中央写的不少建议，值得我们很好学习。我看到国外有两篇很好的智库报告，都是美国哈佛大学艾利森教授主要参与研究的成果：一篇是《伟大的科技竞争：中国对美国》；一篇是《伟大的经济竞争：中国对美国》，值得学习借鉴。

写好政策研究报告有以下"五点要求"：

第一，贵在创见。

一篇智库研究报告，关键在于有没有创见，有什么新发现，对领导决策和制定政策提出了哪些具有重要价值的新理念、新思路、新举措。这是智库研究的根本之道。智库报告重点在于政策建议，而这恰恰是现在不少智库研究的薄弱环节。有不少智库研究报告，前面部分往往是长篇大论、旁征博引，最后到政策建议部分则无话可说，或者是大而化之，或者是说些谁都知道的正确的话，有点"虎头蛇尾"的感觉。存在的主要问题是，用了很大篇幅讲概念、基本理论和知识，介绍已有的研究成果，甚至说了许多教科书上的话，而没有提出新的有价值的政策建议，有点坐而论道的感觉。政策报告首先要说到点上，其次是要有高见。"与君一席话，胜读十年书。"一篇好的智库报告，要有高人一筹的独到之处，要有标志性的突破性的政策建议。

智库研究提出政策建议，好处是旁观者清，可以站在第三方的角度说话和提建议。很多时候，有关部门自己对问题也很清楚，但自己不好评说自己，需要别人来说话。作为智库研究者，不在其位，没有利害关系，说话比较方便，但缺点是不在其中，不知其情，缺乏对政策涉及的方方面面和细微之处的理解。因此，对智库研究者来说，提出的政策建议主要应该是政策思路和政策方向，而不是具体操作性的建议，怎么操作是具体工作部门的事。从这种意义上说，智库研究能够提出新思路、新举措很重要。

贵在创新表现在各个方面，从报告内容到形式都要力求创新，也包括报告的角度新、材料新、语言表述新，能够给人耳目一新的感觉，增强报告的吸引力。政府工作报告也力求创新，体现出新思路、新内容、新表达，每年都要适应经济社会的新变化，感受社会跳动的脉搏，把最新的最有代表性的话语体现在报告之中。要说新话、有新意，如"大道至简，有权不可任性。""以敬民之心，行简政之道。""以民之所望，为施政所向。"还有如"互联网＋"、"智能＋"、"工匠精神"等，这些都体现了创新的精神。

第二，简短精练。

智库研究报告一般是上报给领导和有关部门看的，要力求简短，一般两三千字即可，不需要长篇大论，而是要言简意赅，简明扼要，让阅读者花最少的时间掌握最多最有价值的信息。写短报告，就要抓住要害，讲最重要的东西，一般性的东西、领导都知道的东西，就没有必要讲。简短，就要做到精练，精益求精。能够用一句话说清楚，就不用两句话，更不用一大篇话。不要告诉别人都知道的东西，领导比你还清楚的就不用说了，大道理一般就不用多讲了。要做到字斟句酌，精雕细刻，惜墨如金，一句多余的话都不要有。特别是报告开头部分，更要开门见山、直奔主题，切忌穿靴戴帽、绕来绕去，开头就要有吸引力，能够抓住人，让人想看下去。

简约是文章的最高境界。就像古人说的，"增之一分则太长，减之一分则太短；著粉则太白，施朱则太赤。"做到恰如其分，收到恰到好处之效。我们看中国历代名篇，都是非常简短精练的。孔子的《论语》一共 1.6 万字；老子的《道德经》只有五千言；有专家推荐的古代散文第一名篇就是范仲淹的《岳阳楼记》，只有 450 字。毛泽东著名的"老三篇"：《为人民服务》只有 770 字；《纪念白求恩》是 995 字；《愚公移山》是党的七大上的闭幕词，只有 1600 字。简短精练，却包含了丰富的内容和博大精深的思想。

报告的修改是一个不断锤炼的过程，一般报告修改到最后，更加注重聚焦和提炼，包括进一步聚焦主题，凝练出好的思路观点，有很好的归纳概括，有更加鲜明的画龙点睛之处，一些让人记得住的能够留下深刻印象的话。

即使是完整的研究报告也不要太长，一两万字就差不多了，长一点两万多字，有时还可同时有一个简短的摘要本。

第三，清楚明白。

智库研究报告要力求深入浅出，通俗易懂，用大家都能听得懂的话把事情讲清楚，用最简单的话把最复杂的事情说明白。要说明一件事情，首先要自己清楚，才能够让领导明白。切忌将简单的事情复杂化，用最复杂的话把简单事情说不明白。我有一次到百度公司调研，看到他们墙上有一条醒目格言："科技让复杂的世界变简单"，给我留下至今难忘的印象。

智库研究报告最好少用学术性语言和过多专业性词汇，更不要说些晦涩难懂的话。这里说少用而不是不用，有的学术语言慢慢也会变成政策性语言。比如，社区、逆周期调节、预期管理、竞争中性；甚至新的名词，如区块链、数字孪生、元宇宙等。特别是不要太多解释概念，需要说明概念时一句话即可，用比较权威的解释。

特别是报告的题目和大小标题都要清楚明白，能够吸引人，有时领导看报告主要是看题目和大小标题。切忌使用过长的题目和标题，使用模糊不清、不知所云的题目。有一次，我看到一个申报国家重点项目的科研题目："我国科技创新因子的协同效应和形成机理研究"，我问负责人你到底是要研究什么的，他说不把题目弄得玄乎点，显不出有学问和重要性。还有一次我参加一个智库课题评审会，看到一个题目是："社会——生态系统修复中的多元共治的实现机制研究"，也让人有些费解。题目一定要鲜明、醒目、吸引人，起到画龙点睛之效，能够让人印象深刻，过目不忘。我们单位每年过春节，大家返乡探亲都带着调研任务，回来后要召开一次座谈会，把大家讲的返乡见闻整理出来，形成一个调研报告报送领导参考。这种调研报告，起一个什么题目比较好呢？如果是"关于春节返乡见闻的调研报告"，可能就比较一般了，有一次我考虑了一个题目："真实感受家乡变化的喜与忧"，其中的小标题是"五喜五忧"。

报告的层次应尽量越少越好，最好两层，最多三层。不要大一二三套小（一）（二）（三），再套阿拉伯数字的123，甚至还有（1）（2）（3）等等。智库报告一般不习惯用阿拉伯数字123作标题。

第四，重点突出。

智库研究报告最需要突出重点，讲最主要的东西，而不要面面俱到。我看到不少智库报告搞得非常全面系统，表面上看很完整，什么都说到了，实则眉毛胡子一把抓，分不清到底想说什么。特别是提出的政策建议，不要搞得很多，一二十条、二三十条，更不要一条建议里又套一二三四五条小建议，不知道重点建议是什么。要能够提出重大的、有突破性的政策建议，两三条即可，甚至最重要的建议一条也可以，最多有六七条、七八条就行了，许多可有可无的建议就不用了。这些年，我看到的智库研究成果，有一篇是中国国际经济交流中心的"关于建立亚洲基础设施投资银行的建议"，建议很集中很突出，是一条重大的突破性建议，发挥了重要的决策价值。

咨询报告要有论有据，有鲜明的观点，有充分的论据支撑，能够说服人。特别是要有权威准确的数字，有具有说服力的事实、案例。调研报告的最可贵之处，就是通过调研获得的第一手材料，原汁原味的活生生的案例、语言表达等。这些是独一无二的，不是大量下载拼凑的东西可以替代的，要在报告中用好用活，"把好钢用在刀刃上",让其发光发亮。

一篇报告还要处理好点与面的关系。面是反映和代表总体情况的,点是深度解剖重点部分的,这两方面要能够相辅相成。特别是在对"面"总体把握的基础上,更进一步深入对"点"进行解剖分析,就会更显出报告广度和深度。

第五,文风朴实。

智库报告的写作风格贵在平实,实实在在,用事实和数据说话,实事求是。讲实在的东西,不讲虚的东西,切忌讲大话、空话、套话,要讲真话、实话、新话。智库报告相当于"内参",而不是公开发表的宣传报道文章,因此主要是以反映问题和提出建议为主,把问题提得尖锐点也没关系。当然,要把握分寸感,恰如其分,不说过头话,不要有夸张之词,甚至少些用形容词和副词。有时候,不是提出的建议不对,而是表达方式不对。报送的智库报告,更要注意表达方式,让人易于接受、乐于采纳。

要求文风朴实,也不是说不要文采,能够生动活泼更好,这当然是更高的要求了。毛泽东就特别强调"文章三性":"文章和文件都应具有这三种性质:准确性、鲜明性、生动性。"首先是准确性,报告中的用语、表述、事例、数据都必须准确,分析判断、思路观点、政策提法等也都必须准确。不能似是而非,好像是这样,大体差不多,这是要不得的。其次是鲜明性,要求观点鲜明,大小标题都要鲜明,语言表达也要鲜明。如,毛泽东在《中国社会各阶级的分析》中，一开头就非常鲜明地提出问题："谁是我们的敌人，谁是我们的朋友，这是革命的首要问题。"邓小平说："中国不改革开放，只能是死路一条。""改革开放政策不变，几十年不变，一定要讲到底。""基本路线要管一百年，动摇不得。"这些都是非常鲜明的个性化语言。此外，报告还要有生动性，文如看山不喜平，一篇好的智库报告，要有精彩之处，要有神来之笔，要有神韵气势在里边。如毛泽东的一篇文章《星星之火，可以燎原》，题目就很鲜明生动，其结尾的一段话很有文采："中国革命的高潮就要到来，它是站在海岸遥望大海中已经看得见桅杆尖头的一只航船，它是立于高山之巅远看东方已见光芒四射喷薄欲出的一轮朝日，它是躁动在母腹中快要成熟了的一个婴儿。"这一幅幅画面博大壮阔而又生动形象。马克思形容法国农民，就像一个麻袋里一个一个的马铃薯。拿破仑说，中国是一头沉睡的雄狮，一旦醒来就会震惊世界。习近平主席在访问法国时讲："中国这只狮子已经醒了，但这是一只和平的、可亲的、文明的狮子。"他还讲到这样的话："让居民望得见山，看得见水，记得住乡愁。""使纪律真正成为带电的高压线。""把权力关进制度的笼子里。""鞋子合不合脚，只有脚知道。""扣好人生第一粒扣子。"这些都非常生动形象，让人耳目一新，有过目不忘的深刻印象。

写文章正像写书法一样，写之前要运好气，酝酿思路，调动情绪，气不到时不下笔，思路不畅不开篇，达到胸有成竹、不吐不快时再动笔，写起来就会得心应手，如行云流水，水到渠成。这样写出来的报告才能更有吸引力和感染力。

（本文根据 2023 年 4 月 13 日在南开大学周恩来政府管理学院讲稿整理修改。）

关于智库研究的经验与体会

国家高端智库建设已有几年时间，在实践中积累了不少经验，认真加以总结很有必要。由中国发展战略研究会和中国科学院科技战略咨询研究院共同主办的"智库理论与方法研讨会"，对推动我国智库建设和高质量发展很有意义。

我一直在政策研究部门工作，这是作为智库研究的用户和需求方；近年来又参加了一些智库研究咨询工作，从供给方的角度有些新的认识和体会。这里，我从政策研究部门与科研机构的差异的角度来看智库研究，谈一谈关于自己的经验与体会，与大家一起探讨交流。

一、关于智库研究的基本定位

现在，全国上下正在形成一场"智库热"。什么是智库？简单地说，智库就是发挥"智囊"和"谋士"的作用，能够出谋划策，提供"锦囊妙计"。中国历史上有许多谋士，诸葛亮就是最杰出的代表，未出茅庐，已知天下三分，提出了著名的《隆中对》。国外的智库，最有代表性的就是美国的兰德公司、布鲁金斯学会等。

中国的多数智库，过去主要是搞学术研究的，现在兼顾学术研究与智库研究两方面，甚至更多转到智库研究上来。中国科学院各个所主要是搞科研，科技战略咨询研究院的定位是"国家高水平科技智库，智库型研究院"。就是说，主要是智库研究，同时也兼顾学术研究。

智库研究与学术研究究竟有什么不同？我的总体感受是：智库研究不同于科研机构的学术研究，它主要是政策研究，是为决策服务的。因此，智库研究与学术研究相比，是一条不同的路子，有其特殊要求。记得有一位从科研单位调到政策研究部门的同志，他谈到两者的不同时说："以前在科研单位工作，只知道你是谁，不知道你为了谁；现在在政策研究部门工作，只知道你为了谁，不知道你是谁。"这两句话比较形象地说明了两者的差别。智库研究与学术研究相比，主要有"三大不同"：

一是服务对象不同。学术研究的读者对象，主要是同行研究者，是给学术研究的圈内人看的，更广泛一点会扩展到有兴趣的读者。而智库研究的服务对象，主要是决策部门和领导同志。这就决定了其研究方法和报告方式也是很不相同的。

二是目标价值不同。学术研究主要是阐释新的发现和规律；而智库研究主要是提出好的政策建议，为领导和部门决策提供咨询参考。智库研究的最高评价标准，就是有没有用，对决策有多大用处。学术研究一般是一家之言，是个人的学术成果；而智库研究往往是团队成果，甚至代表集体的意见。而这在研究中需要处理好"有我"与"无我"的关系。

三是成果形式不同。学术研究成果形成的是科研论文或学术著作，要使用规范的学术性语言，符合学术范式。而智库研究最后形成的是咨询报告和决策建议，不需要甚至要避免学术语言范式，而是要符合决策部门和领导的要求。

总的来说，智库研究的基本定位可以概括为：服务决策，政策研究，咨询报告。

中央提出建设国家高端智库，我的理解，除了具有智库研究的一般定位之外，还有更高的要求，那就是：高水平、权威性、知名度和影响力，要达到国家一流甚至世界一流水平，具有较大国际知名度和影响力。说到底，高端智库就是"高级智囊"和"重要谋士"，要体现高水平和大智慧，能够为党和国家决策提供重要咨询参谋。

二、关于智库研究的基本方法

智库研究方法不同于学术研究方法。简单来说，智库研究主要就是调查研究，智库成果一定要建立在深入系统的调查研究的基础之上。毛泽东有一句名言："没有调查就没有发言权"。习近平总书记进一步指出："没有调查就没有发言权，没有调查就没有决策权。正确的决策离不开调查研究，正确的贯彻落实同样也离不开调查研究。"没有调查研究，也就没有决策咨询和政策建议权。

智库研究方法强调"四个注重"：

第一，注重问题导向和政策导向。

一项智库研究课题，研究内容一般包括四个方面：一是研究课题的重要价值和意义。二是发展现状与存在问题。三是国际比较与经验借鉴。四是对策思路与政策建议。

研究问题要发挥自己的专长和优势。一定要研究自己熟悉、真懂得的问题，而不要研究自己不太懂、有局限的问题。一定要知道别人的优势和自己的劣势，做到"知己知彼"。要选定并专注于一个领域，成为这方面的专家，做到"专精高深"、"一专多能"。

要善于发现问题和提出问题。这就要首先做好"预研究"，主要是收集研究资料，了解已有研究成果，知道别人研究进展到什么程度，找到研究问题的切入点和突破口。一般研究题目不宜太大，最好是"小切口，大问题"。

要聚集决策需求和政策建议。全面收集已出台的政策措施，了解政策的空白点和不足之处。不然可能研究了半天，提出的政策建议已经过时了，出台的政策已经有了甚至可能更详细更全面，最后变成了无用功。

第二，注重调查研究的信度和效度。

智库研究深入实际调查很重要，重在了解实际情况，发现实际问题，总结实践经验，不然就会是"纸上谈兵"、"闭门造车"，很可能脱离实际。调查研究要做到"吃透两头"：一方面吃透上头政策；另一方面吃透下面情况。

调查研究要特别注意信度和效度。信度就是调查研究的可信度、真实性。要了解到真实的情况，不能是虚假的情况，不能被假象所蒙蔽，更不能偏听偏信，仅听一面之词。要去伪存真，由表及里，透过现象看本质，由感性认识上升到理性认识。

效度就是调查研究的有效性、代表性。实事求是，一切从实际出发，问题是你是从1%的实际出发，还是从99%的实际出发？调查研究所得到的，不仅是个别的情况、特殊的情况、极端的情况，而且应该是一般的情况、最大多数的情况、最有代表性的情况。如果仅仅从个别的特殊的甚至极端的情况出发，来进行研究、作出判断、得出结论，那将会带来极大的失误。这方面有许多经验教训。

第三，注重分析问题和解决问题。

分析问题，就是要找到发生问题的原因，发现最主要的相关关系。相关关系一般分为正相关、负相关、无相关；单相关、复相关、多相关；高相关、低相关；甚至还有虚假相关，表面相关而实际不相关。智库研究不同于学术研究，其中一个重要方面，就是寻找和发现最主要的相关关系，而舍弃次要的相关关系，特别注意因果关系的分析。解决问题就要找到问题的症结所在。

特别要注意所研究现象的复杂性。社会现象不同于自然现象的一个最重要特点，就是社会现象往往受到人为因素所左右，包括个人的情感、价值取向、特别是利益影响。不同的人会有不同的看法、不同的选择、不同的行为方式。因此，分析研究问题，既需要客观实证，也需要主观理解；既需要定量分析，也需要定性判断。

第四，注重政策建议的可行性、操作性和有效性。

智库研究的最终目的，就是提出有用的政策建议。作为国家高端智库，就是要出大主意、好主意，而不能出基本无用的主意、无关紧要的主意，更不能出歪主意、馊主意。任何时候都没有绝对好的政策，政策的制定和实施是权衡各方面利弊得失的结果，也是上下左右各方面博弈的结果。只能是利大于弊，好处很多，而坏处很少。一项看起来很好的政策，并不总是能达到好的效果，不能好心办坏事。有些政策的初衷和出发点是好的，想得也比较全面周到，但政策执行和实施的结果却出现很大偏差和副作用，甚至带来灾难性的后果。研究制定政策时，就要考虑到政策执行过程中是否存在漏洞，是否会变型走样，防止"一本好经被歪嘴和尚念歪了",不能"差之毫厘,失之千里"。

三、关于智库报告的基本要求

正是由于智库研究作为决策研究的不同特点,这就对智库报告提出了不同的要求。智库报告重在"研以致用"、"以用为贵",要做到用户第一,满足用户需求,为决策咨询服务。

什么是决策咨询报告?我觉得这有点像中国古代的"奏折"。我国的历史名篇中有不少"上疏"、"上表"、"谏书"、"策论"等,如著名的"海瑞上疏"、诸葛亮的《出师表》、李斯的《谏逐客书》、贾谊的《治安策》、韩愈的《谏迎佛骨表》等,这些也是我们智库报告参考学习的"范本"。科学家写的咨询报告中,钱学森先生向中央写的不少建议,值得我们很好学习。我看到国外有两篇很好的智库报告,都是美国哈佛大学艾利森教授主要参与的:一篇是《伟大的科技竞争:中国对美国》;一篇是《伟大的经济竞争:中国对美国》,值得学习借鉴。

写好智库报告有以下"五点要求":

第一,重在创见。

一篇智库研究报告,关键在于有没有创见,对领导决策和制定政策提出了哪些有重要价值的新理念、新思路、新举措。这是智库研究的根本之道。智库报告重点在于政策建议,而这恰恰是现在不少智库研究的薄弱环节。我看到不少智库研究报告，前面部分往往是长篇大论、旁征博引，最后到政策建议部分则无话可说，或者是大而化之，或者是说些谁都知道的正确的话，有点"虎头蛇尾"的感觉。问题在于，从事智库研究的人对政策研究不够，了解不多或者一知半解。因此，智库研究的专家，同时应该成为政策研究的专家。研究某一方面的问题，除了熟悉和了解这一方面的情况之外，还需要熟悉甚至弄通某一方面的政策，不仅要了解政策的来龙去脉，还要弄清楚政策的利弊得失。这是比较高的要求，但还不是很高的要求。

更高的要求是，既然报告是写给领导看的，那就要站在领导的高度思考问题，设身处地把自己放在领导的位置考虑应该怎么做。我们平常有一句话，叫"身为小兵，敢为帅谋"，"想领导之所想，想领导之未想"。一篇好的智库报告，要有高人一筹的独到之处，要有标志性的政策建议。

第二，简短精练。

简约是文章的最高境界。上报给领导的咨询报告，要力求简短，一般两三千字即可。领导每天要看的材料太多了，没有时间看长篇大论的东西，他们需要花最少的时间，掌握最多最有价值的信息。写短报告，就要抓住要害，讲最重要的东西，一般性的东西、领导都知道的东西，就没有必要讲。简短，就要做到精练，精益求精。能够用一句话说清楚，就不用两句话，更不用一大篇话。做到字斟句酌，精雕细刻，惜墨如金，一句废话都不要有。特别是开头部分，要开门见山，切忌穿靴戴帽，开头就要有吸引力、抓住人，让人想看下去。

即使完整的研究报告也不要太长，一万来字就差不多了，长一点两万多字；可同时有一个简短的摘要本。

第三，清楚明白。

智库咨询报告最好不用学术性语言和过多专业性词汇，更不要说些晦涩难懂的话。特别是不要解释太多概念，需要说明概念时一句话即可，用比较权威的解释。要力求用科普性的话语，深入浅出，通俗易懂，用大家都能听得懂的话把事情讲清楚。要能够自己清楚，让领导明白；而不能"以其昏昏，使人昭昭"。一篇好的政策研究报告，是能够用最简单的话，把最复杂的事情说明白，而不是用最复杂的话把简单事情说不明白，切忌将简单的事情复杂化。

特别是报告的题目和大小标题都要清楚明白，能够吸引人，有时领导看报告主要是看题目和大小标题。切忌使用过长的题目和标题，使用模糊不清、不知所云的题目。报告的层次应尽量越少越好，最好两层，最多三层。不要大一二三套小（一）（二）（三），再套阿拉伯数字的123，等等。

第四，重点突出。

智库研究报告最需要突出重点，讲最主要的东西，而不要面面俱到。我看到不少智库报告搞得非常全面系统，表面上看什么都说到了，实则眉毛胡子一把抓，分不清到底想说什么。特别是提出的政策建议，不要搞得很多，一二十条、二三十条，不知道重点建议是什么。要能够提出重大的、有突破性的政策建议，两三条即可，甚至最重要的建议一条也可以，最多有六七条、七八条就行了，更不要一条建议里又套一二三四五条小建议，许多可有可无的就不用了。

一般修改报告到最后，更加注重聚焦和提炼，包括进一步聚焦主题，凝练出好的思路观点，有很好的归纳概括，更加鲜明的画龙点睛之处，一些让人记得住的能够留下深刻印象的话。

第五，文风朴实。

智库报告的写作风格贵在平实，实实在在，用事实和数据说话，实事求是。讲实在的东西，不讲虚的东西，切忌讲大话、空话、套话，要讲真话、实话、新话。智库报告相当于"内参"，而不是公开宣传报道文章，因此主要是反映问题和提出建议为主。当然，要把握分寸感，恰如其分，不说过头话，不要有夸张之词，甚至少用形容词和副词。有时候，不是提出的建议不对，而是表达方式不对。报送给领导的智库报告，更要注意表达方式了，让人易于接受，乐于采纳。

要求文风朴实，也不是说不要文采，能够生动活泼更好。毛泽东就特别强调"文章三性"：准确性、鲜明性、生动性。一篇好的智库报告，要有精彩之处，要有神来之笔，要有神韵气势在里边。写文章正像写书法一样，写之前要运好气，酝酿思路，调动情绪，气不到时不下笔，思路不畅不开篇，达到胸有成竹、不吐不快时再动笔，写起来就会得心应手，如行云流水，水到渠成。这样写出来的报告才能更有吸引力和感染力。

最后还想特别说明一点，智库研究与学术研究并不是对立的关系。学术研究可以为智库研究提供雄厚基础和重要支撑，两者可以相辅相成、相互促进。

（本文根据 2021 年 10 月 15 日在中国发展战略研究会和中国科学院科技战略咨询研究院举办的"第二届智库理论研讨会"上的发言整理修改。）

关于国家高端智库建设与政策研究咨询的思考

今天来中国科学院科技战略咨询研究院，参加智库报告新书发布会暨战略咨询研讨会，感到很有意义。科技战略咨询研究院，作为中科院的科技战略研究咨询机构，作为国家知名的高端智库，在科技创新和科技战略研究方面，具有很大的影响力和很重要的作用。国务院研究室是承担综合性政策研究和决策咨询任务、为国务院领导同志服务的国务院办事机构，我们不是国家高端智库，而是高端智库理事单位，每年为高端智库出题目，对研究成果进行评审，提出意见建议。如果从供需关系来说，国研室是需方，高端智库是供方，要建立供需对接的合作机制。国务院研究室与中国科学院共同成立"中国创新战略和政策研究中心"，这是政府研究部门与科研机构相互结合、优势互补的一次有益尝试，实际上也是一个"新型智库"。一年来做了大量工作，形成了一大批研究成果，其中有些得到国务院领导同志重视并作出批示，发挥了重要作用。

如何更好地发挥高端智库的重要作用，为党和政府决策、制定政策提供有价值的研究建议？这里，结合自身的工作，谈几点体会和思考。

第一，把握国家高端智库政策研究的基本定位。

这个定位，简单地说，就是高水平、权威性、创造性。

高端智库研究属于应用研究、政策研究，不是学术研究、理论研究。政策研究有其不同特点和要求。要提出好的政策建议，首先要熟悉政策、掌握政策，了解所研究的这方面政策的来龙去脉，实际执行中的利弊得失，面临的症结何在，突破点在哪里？要成为某一方面政策的专家，这样才有发言权。

国家高端智库必须有高水平。国家高端智库就是"高级智囊"和"重要谋士"，能够为党和国家出谋划策，提供"锦囊妙计"，发挥咨询参谋作用。要体现高水平和大智慧，提出有突破性创新和有重要价值的政策建议。我们在工作中有一个体会，就是要做到"身为小兵，敢为帅谋"，设身处地，换位思考，站在领导的高度、站在国家全局的角度考虑问题，"急领导之所急，想领导之所想，想领导之未想"，这样才能发挥好国家高端智库的作用。

高端智库的研究成果要有权威性、准确性。作为高端智库，尤其是作为科技创新战略研究的高端智库，在这方面必须是权威的、高人一筹的。你说出来，那就要听你的。还有准确性，包括研究报告中的观点、材料、数据、事例，甚至用语、表述等，都应该是准确无误的，这个要求是很高的。比如，数据是不能随便用的，必须是权威机构的数据。有时为了找一个准确的数据，要费很大的工夫。智库上报的报告，要求是非常严格的，要求不出现任何差错，甚至一个错别字、错的标点符号都不能有。

高端智库研究需要发挥优势和专长。要研究自己最熟悉、而别人不熟悉的东西。比如，科技战略咨询研究院，研究科技是最权威的，但如果研究金融、财政、国际贸易等，那就不如其他研究机构了。要了解自己的优势和专长，也要知道别人的优势和专长，看到自己的短板和不足，所谓"知己知彼"，才能"百战不殆"。有所为有所不为，聚集自己的主攻方向，形成最权威的研究成果，提出最有价值的政策建议。

第二，政策研究要有针对性、可行性和操作性。

研究政策不能大而化之，凭想象提建议，不能仅仅从书本出发，一定要从实际出发，深入实际进行调查研究，不然其成果和建议就可能是纸上谈兵、隔靴搔痒，甚至刻舟求剑，发挥不了多少作用。

研究选题很重要。所选的题目应是党中央、国务院关心的、急于解决的，在全局中牵一发而动全身、具有突破性意义的。我们平时说，调查研究要吃透"两点"，就是吃透上头和下头。吃透上头，就是吃透已有的文件精神，吃透现行的政策，这需要对已有的文件政策进行系统梳理和总结；吃透下头，就是要吃透下边各方面的实际情况，把所研究的问题真正弄清楚，了解事情的真相、事情的全貌、事情的是非曲直、事情的来龙去脉。

政策研究主要是解决问题和提出对策。智库研究更要坚持问题导向，从实际出发，善于发现问题、分析问题和解决问题，最终提出政策建议。这就要求研究要有针对性、可操作性，能够真正解决问题，同时不会带来大的副作用。国家高端智库作为中央的智囊和参谋助手，就是要出主意、想办法、提建议，而且是要出大主意、好主意、不能出无用的主意、无关痛痒的主意，更不能出歪主意、馊主意，这就要看政策实施的可行性和效果。

要特别注意政策的利弊得失。任何时候都没有绝对好的政策，政策的制定和出台是权衡各方面利弊得失的结果，也是上下左右各方面博弈的结果。只能是利大于弊，好处很多，而坏处很少。有时候一项看起来很好的政策，并不总是能达到好的效果。有些政策的出发点是好的，想得也比较周全完善，但政策执行和实施的结果却出现很大偏差和副作用，甚至带来灾难性的后果。这方面的教训不少。历史上著名的王安石变法，改革之一就是实施"青苗法"，针对农民种地在青黄不接时，生产生活陷入困境，遭受高利贷盘剥，提出政府为农民提供优惠贷款，这有点类似政策性银行，本来出发点很好，春耕时由政府贷款给农民，秋收后即可收回贷款，但这项看起来很好的政策全面实行以后，却弊政丛生，一到下边就变形走样了，问题出在哪里？原来各级官吏为了显示政绩，便要多贷款、多收款，完成贷款和利息任务，本来是农民自愿贷款，结果变成了强迫农民贷款，一些贫困农民贷不起、还不起，不贷也不行，不还也不行，最后是强行放贷和还贷，逼得民不聊生、怨声载道，好事变成了坏事，变法以失败而告终。现在一些地方、部门制定和实施的政策中，也有不少副作用大、出现偏差的例子。如果一项政策想法和出发点都是好的，但政策设计和实际操作不完善、不到位，那就会出现不少漏洞。对于研究制定政策的人来说，政策实际执行中的很多弯弯绕绕，你也应该了解，否则政策下去会是什么样，你不知道。研究制定政策时，就要考虑到政策执行过程中是否会变形走样，防止"一本好经被歪嘴和尚念歪了"。

研究制定政策必须慎之又慎。毛泽东说："政策和策略是党的生命，各级领导同志务必充分注意，万万不可粗心大意。"党和政府的各项政策，关系千百万人的生活、利益甚至命运。比如，当年作出恢复高考制度改革的决策，改变了许多人的命运，也在一定程度上改变了国家的命运。政策研究，可以说"差之毫厘"，就会"失之千里"。因此，研究提出政策建议需要非常谨慎小心，对国家和人民高度负责，这是我们智库研究工作者的责任。

第三，政策研究要注重信度和效度。

政策研究必须有论有据，有观点有材料，有说服力，因此信度和效度很重要。

信度就是调查研究的可信度、真实性。了解情况难，了解真实情况更难。调查研究本身就有一个去伪存真、由表及里、透过现象看本质的过程。首先所提出的问题，应该是一个真问题，而不应该是一个假问题、伪命题。调查研究，需要了解到真实的情况。一般来说，被调查者都会反映对他有利的情况，而不会反映对他不利的情况。所以，不能仅听一面之词，要防止片面性，做到全面掌握真实情况。比如，调研医改问题，不能只听医疗卫生部门和医院的意见，也要听一听广大患者和群众的意见；调研房地产市场问题，不能只听住房管理部门和房地产开发商的意见，也要听听广大购房者的意见。而这些意见往往可能是不同的，甚至是截然相反的。除了正规的调查、问卷调查之外，还要进行一些随机调查。

效度就是调查研究的有效性、代表性。即使调研了解到的是真实可信的情况，那么还有代表性的问题。实事求是，一切从实际出发，但你是从 1% 的实际出发，还是从 100% 的实际出发？调研所要了解的，应该是一般的情况、最大多数的情况、最有代表性的情况，而不是个别的情况、特殊的情况，更不能是极端的情况。如果仅从个别的特殊的情况出发，来研究制定政策，那就会带来极大的失误。搞典型开路，先树立典型，再普遍推开并提出普遍性的要求，问题是这些典型有多少代表性和普遍性。这方面有不少教训。

政策研究要有一定的广度和深度。一般来说，综合性研究更注重研究的广度，要掌握全面的情况，特别是要有国际视野，进行国际比较，了解其他国家的情况，同时结合中国的国情实际，研究哪些能够为我所用。专题性研究更注重研究的深度，不要面面俱到，从历史到现在，从重要性谈到各方面表现，而是要突出重点，抓住要害，在关键点上取得突破性进展。总的来说，就是要处理好面与点的关系，既有面上的总体性、代表性；又有点上的深入性、透彻性，既有广度，又有深度；既看到一群麻雀，更要解剖一只麻雀。

政策研究需要做好定量研究和定性研究。一项好的研究成果，要有数据支撑，但观点和判断更重要。现在一些经济学研究注重定量分析，甚至使用公式、建立模型，问题是结果是否符合实际。有的研究看起来很深奥很复杂，但得出的结论与人们的感觉不一样，甚至相差甚远，看得人眼花缭乱，却没有多少说服力。孔子说："道不远人，人之为道而远人，不可以为道。"计算机可以进行最精确的数字计算，但却没有一个小孩子的判断力。我们不否定定量研究，而是高度重视定量研究，只是说不要一味为定量而定量，变成了数学游戏。政策研究需要将定量研究与定性研究很好地结合起来，要用最能说明问题的最有代表性的数据材料作出分析的依据，同时更要有重要判断，提出创新性的思路和见解。

第四，政策研究报告要"研以致用"、"以用为贵"。

我们说需求为上、用户第一，政策研究报告的用户是谁？是政府部门，是领导，不是普通读者，不是同行里的学术交流。政策研究报告的风格，不同于一般理论研究和学术研究的风格。

如何写好政策研究报告？毛泽东在《工作方法六十条》中指出："现在许多文件的缺点是：第一，概念不明确；第二，判断不恰当；第三，使用概念和判断进行推理的时候又缺乏逻辑性；第四，不讲究辞章。看这种文件是一场大灾难，耗费精力又少有所得，一定要改变这种不良文风。"习近平总书记强调指出，"党的各级领导干部都应该率先垂范，勉力而为，克服'长、空、假'的不良文风，弘扬'短、实、新'的优良文风。

写好政策研究报告，有三点要求：

一是要简短精练。政策咨询建议不要太长，要做到短而精、简而明，一般3000字左右更好。要让领导花最少的时间，掌握最多最有价值的信息。毛泽东很讨厌看言之无物的长文章，他说："我们有些同志喜欢写长文章，但是没有什么内容，真是'懒婆娘的裹脚，又长又臭'。""我们应该研究一下文章怎样写得短些，写得精粹些。"

写短报告，就是要开门见山，单刀直入，讲最重要的东西；一般性的东西，领导都知道的东西，根本没必要讲。短，就要做到精练、精准、精细，精益求精。能够用一句话说清楚，不要用两句话，更不能用一大篇话。要做到字斟句酌，精雕细刻，不多一句，不多一字。例如，《政府工作报告》总结过去一年工作，部署新的一年各方面工作，字数控制在 2 万字左右，这就要求数着字来写。文章的最高境界是简约。"增之一分则太长，减之一分则太短；著粉则太白，施朱则太赤。"做到恰到好处，过犹不及。

二是要清楚明白。语言表述要非常朴实，通俗易懂，简洁明快。要用大家都能听得懂的话，不用晦涩难懂的话，说些别人不懂的话。一篇好的政策研究报告，是能够用最简单的话，把最复杂的事情说清楚；而不是用很复杂的话，把简单的事情说不清楚。我们一般要求，不用夸张之词，不要渲染性语言，甚至少用形容词和副词。有一次，我看到一个申报国家重点项目的科研题目："我国科技创新因子的协同效应和形成机理研究"，我问你到底是要研究什么的，他说不把题目弄得玄乎点，显不出重要性和有学问。政策研究报告切忌故弄玄虚、故作高深，最好是深入浅出、通俗易懂。

清楚明白，还要层次清楚，逻辑性强。条理非常清楚，让人一看，就知道你讲几层意思。逻辑上要周延，能够自圆其说，没有漏洞，让人驳不倒你。现在说"黑天鹅事件"，就是说太少见了，原来说"天鹅都是白的"，后来在澳大利亚发现了一只黑天鹅，就把你原先的结论给推翻了。

三要注重创新。我们研究创新，报告更要有创新。要体现出新思想，有新观点和新看法，有新的政策建议。发现别人没有发现的东西，提出别人没有提出的见解和建议。而要做到这一点，是很不容易的。你就要站在别人的肩上，把别人已有的东西弄清吃透，并创造出属于自己的东西，要有高人一筹的独到之处，这些都最终体现在研究成果的水平上。创新还表现在：报告的角度新、材料新、语言表述新，特别是标题要新，指向明确，一目了然，一般用观点明确的标题，而不用中性的标题，看了题目就知道你要说什么。题目要鲜明，让人有眼睛一亮、耳目一新的感觉，有吸引力和冲击力。

（本文根据 2019 年 7 月 17 日在中国科学院科技战略咨询研究院召开的智库战略咨询研讨会上的发言整理。）

邓小平的文风：文如其人

2014 年是邓小平同志诞辰 110 周年，我们纪念他的丰功伟绩，学习他的思想风范，总是让我们想起他"这个人"，他的音容笑貌、言谈举止，他的为人处事、性格品质。我们读他的著作，看他的讲话，都会感受到他鲜明的文风。文如其人，他的文风正像他的为人一样，朴实无华，简洁有力，思想深刻，个性突出。正所谓大音希声，大象无形，邓小平的言论文章在平凡中隐含着伟大的力量。习近平总书记提出要大力改进文风，要求在短、实、新上下功夫，讲短话、讲实话、讲新话。邓小平正是这方面的杰出代表。我们学习邓小平的文风，对于克服不良文风、树立优良文风，具有特别重要的意义。

一、简短精练

邓小平的文风最突出的特点就是简短精练。他一贯主张"文章要短而精", 反对开长会、讲长话, 提倡开短会、说短话、办实事。我们看他的文章, 真可以说是言简意赅, 短小精悍, 没有长篇大论。用最简短的话, 把复杂的事情说得清楚明白, 这是写文章的基本要求, 也考验一个人的思想和表达功力。

《邓小平文选》第三卷, 共收录 119 篇文稿, 平均每篇 2300 字左右, 其中 1000 字以下的文稿有 68 篇, 占总数的一半以上。短文同样可以发挥大作用, 他所创立的邓小平理论, 他提出的改革开放思想, 他阐述的社会主义市场经济观点, 等等, 都体现在他的这些文稿之中。浓缩的都是精华, 邓小平的文章讲话正像浓缩的铀, 能够释放出巨大的能量。

邓小平说: "毛主席不开长会, 文章短而精, 讲话也很精练。周总理四届人大的报告, 毛主席指定我负责起草, 要求不得超过五千字, 我完成了任务。五千字, 不是也很管用吗? " 正是在这篇历来最短的政府工作报告中, 周恩来总理提出了四个现代化的历史性任务。邓小平还说: "开会要开小会, 开短会, 不开无准备的会。会上讲短话, 话不离题。议这个问题, 你就对这个问题发表意见, 赞成或反对, 讲理由, 扼要一点; 没有话就把嘴巴一闭。不开空话连篇的会, 不发离题万里的议论。"

毛泽东也提倡写简短精练的文章。他在《反对党八股》的著名演讲中, 所列的党八股的第一条罪状就是空话连篇, 言之无物。"我们有些同志喜欢写长文章, 但是没有什么内容, 真是'懒婆娘的裹脚，又长又臭'。""我们应该研究一下文章怎样写得短些，写得精粹些。""我们应当禁绝一切空话。但是主要的和首先的任务，是把那些又长又臭的懒婆娘的裹脚，赶快扔到垃圾桶里去。"

文章以短为贵，以简为美。古今中外，都是如此。中国历史上许多传世名篇，往往都是言辞简洁而又含义隽永的佳作。如范仲淹的《岳阳楼记》，诸葛亮的《出师表》《后出师表》，贾谊的《过秦论》，字数虽少却被千古传颂。毛泽东的"老三篇"都很短，《为人民服务》是在张思德追悼会上的演讲；一篇是《纪念白求恩》；《愚公移山》是在党的七大上的闭幕词。

文章宜短，又要恰到好处。如行云流水，行所当行，止所当止。文章讲话，也不是一味都要为短而短，而是宜长则长，宜短则短，达到"增之一分则太长，减之一分则太短，著粉则太白，施朱则太赤"的境界。邓小平同志的文章也不都是短文，也有重要的长文。比如，他在1978年3月全国科学大会开幕式上的讲话，有9400多字，正是这次会议迎来了我国科学技术发展的春天。他在1980年1月中共中央干部会议上的讲话《目前的形势和任务》，长达21800多字，系统阐述了我们党在20世纪80年代的三件大事和面临的形势，实现四个现代化必须解决的四个问题，以及坚持和改善党的领导问题。1980年8月在中央政治局扩大会议上的讲话《党和国家领导制度的改革》，有近14000字，深刻分析了党和国家领导制度中存在的弊端，提出了改革的思路和措施。

二、质朴平实

如果说文章讲话的长短还只是形式，那么在内容上邓小平的文风则是质朴平实。这突出体现了邓小平的本色特征，他一生崇尚简朴，务实致用，反对烦琐哲学。

文以载道，言为心声，他的文风正是他的个性。与毛泽东相比较，我们既可以看到他们的相同点，都有平实、简练、大众化、通俗性的特点，也可以看到他们的很大不同。毛泽东的文章讲话是大气磅礴，汪洋恣肆，旁征博引，嬉笑怒骂，雅俗共赏，情理交融，充分体现了他强调的文章"三性"——准确性、鲜明性、生动性，他的文章讲话既注重逻辑，思想深邃，具有极强的说服力；又形象生动，幽默风趣，具有极强的感染力。他对语言的运用达到了出神入化的境界，文言白话交杂，古文、经典、俗语、谚语、歇后语信手拈来，夹叙夹议，收放自如，其文章也如其书法一样笔走龙蛇，神韵灵动，气势恢宏，浑然天成，展现出一个文章大家的才气横溢、文采风流。

邓小平的文章讲话则是朴实无华，平易近人，深入浅出，通俗易懂。他不刻意讲究文采，不去引经据典，不讲空洞的大道理，说的都是千千万万普通老百姓听得懂的真话、实话、大白话，却显示出直入人心、撬动历史的力量。邓小平的文章大多不是写出来的，而是讲出来的。《邓小平文选》三卷一共收录了218篇文章，其中讲话、谈话占到总数的80%左右，尤其第三卷主要以谈话为主。可以说，邓小平是述而不作，他以言达义，言之成文，是以语言而不是以文字表达思想的大家。这正像《论语》并不是孔子所写，而是他的学生所记，然而影响中国两千多年，塑造了中华民族的精神世界，向有"半部论语治天下"之称。邓小平以他的"论语"，成为中国改革开放和现代化建设的思想指南。

文风体现个性。邓小平朴实的文风，是与他朴实的性格完全一致的。陈云同志提出："不唯上，不唯书，只唯实。"邓小平很好地做到了这一点，他很少引用别人的东西，也不喜欢引用书本上的说法，谈的都是自己来自实际而又深思熟虑后的感想。英籍著名华人作家韩素音评价邓小平说，他最伟大的品质是顽强和讲究实际。基辛格在《论中国》一书中说："在习惯了毛泽东的哲学宏论和形象比喻，以及周恩来儒雅庄重的职业精神之后，面对邓小平言语辛辣、单刀直入的作风，偶尔犀利反讽的插话，不喜欢空谈理论而喜欢着眼于极度实际问题时，我花了相当一段时间才把自己调整过来。"这些国外名人都注意到邓小平高度务实的个性。

文风承载思想。邓小平朴实的文风，是与他实事求是的思想路线一脉相承、一以贯之的。邓小平说："毛泽东倡导的作风，群众路线和实事求是是两条最根本的东西。""'实事求是'是马克思主义的精髓，是毛泽东思想的精髓。""我读的书并不多，就是一条，相信毛主席讲的实事求是。过去我们打仗靠这个，现在搞建设、搞改革也靠这个。我们讲了一辈子马克思主义，其实马克思主义并不玄奥。马克思主义是很朴实的东西，很朴实的道理。"

邓小平为我们留下了许多人民群众喜闻乐见、耳熟能详的名言："不管黑猫白猫，捉住老鼠就是好猫"，"摸着石头过河"，"两手抓，两手都要硬"，"贫穷不是社会主义"，等等。这些通俗易懂的话语，隐含着深刻的道理，打开了人们思想的广阔空间。

三、深刻透彻

邓小平的文风平中见奇，平凡中见伟大。所谓静水流深，海纳百川。他的讲话文章，说理简明扼要，分析入木三分，见解独到深刻，把宏大的思想和卓越的理念用平实的语言表达出来，往往起到了醍醐灌顶的作用，给人以豁然开朗之感。

邓小平深刻透彻的文风，也是他的个性使然。他善于抓大事、谋长远，举重若轻，不拘小节，具有深刻的洞察力和驾驭复杂局面的能力。你看他打桥牌，登黄山，爱散步，喜游泳，含饴弄孙，享受天伦之乐，在自然从容中决策国家大事，"运筹帷幄之中，决胜千里之外"，"谈笑间，樯橹灰飞烟灭"。这些都体现出他的大度大气、大智大勇，正所谓"智者不惑，仁者不忧，勇者不惧"。他处事高瞻远瞩，胸有成竹。"不畏浮云遮望眼，自缘身在最高层。""会当凌绝顶，一览众山小。"达到了人生的至高境界。

邓小平虽然很少有像毛泽东所写的《矛盾论》、《实践论》、《论持久战》、《新民主主义论》等长篇大论的著作，但他的讲话文章长于说理，善于分析。邓小平说："无论是开会发言、写文章，都要进行充分的说理和实事求是的科学分析。"正是通过说理和分析，增强了其思想和观点的说服力和影响力。

我们学习《邓小平文选》，看邓小平的讲话谈话，他的那些开门见山、单刀直入、一针见血、善于在纷繁复杂的事物中抓住要害、一语破的的表述，往往起到"四两拨千斤"、一言九鼎的效果。他提出，"发展才是硬道理"、"改革是中国的第二次革命"、"科学技术是第一生产力"、"稳定压倒一切"、"中国要警惕右，但主要是防止'左'"，等等。这些提法和观点，在我国改革开放的伟大实践中发挥了精神原子弹的强大威力。

伟大的理论在于它的深刻洞察力，它能够高屋建瓴，看到事物的极致，达到真理的境界。邓小平的思想观点之所以能够成为邓小平理论，也在于此。如邓小平对于社会主义的思考，他明确指出，"贫穷不是社会主义"，"社会主义阶段的最根本任务就是发展生产力，社会主义的优越性归根到底要体现在它的生产力比资本主义发展得更快一些、更高一些，并且在发展生产力的基础上不断改善人民的物质文化生活。""一个公有制占主体，一个共同富裕，这是我们所必须坚持的社会主义的根本原则。""社会主义的本质，就是解放生产力，发展生产力，消灭剥削，消除两极分化，最终达到共同富裕。"他提出"三个有利于"的判断标准，"是否有利于发展社会主义社会的生产力，是否有利于增强社会主义国家的综合国力，是否有利于提高人民的生活水平。""走自己的道路，建设有中国特色的社会主义。"这就从我国发展全局和战略的高度，系统地回答了什么是社会主义、如何建设社会主义这一根本性问题。

基辛格评价说："如今的中国——世界上第二大经济体，拥有最多外汇储备，多个城市都盖起了高于帝国大厦的摩天大楼——这一切就是对邓小平高瞻远瞩、锲而不舍和实事求是的见证。"

四、鲜明创新

邓小平的文风，最根本的还在于创新。他言人所未言，言人所不能言，立一家之言，开一代新风。古人讲，立德、立功、立言。人生三不朽者，邓小平当之无愧，而且是大德、大功、大言。

邓小平的每一篇讲话文章都有新意，他立场坚定，观点鲜明，从不愿意说别人说过的话，说的都是自己的新话。"中国不改革开放，只能是死路一条""改革开放政策不变，几十年不变，一直要讲到底""要横下心来搞建设，一切围绕着这件事，不受任何干扰""基本路线要管一百年，动摇不得"，这些新话都充分体现他的个性，极而言之，振聋发聩，一看就知道是邓小平的话语。

邓小平具有极强的个性。毛泽东评价他"政治思想强，人才难得"，"这个人比较顾全大局"，"比较厚道，处理问题比较公道"，"他比较有才干，比较能办事"，"思圆行方，既有原则性，又有高度的灵活性"，"论文论武，邓小平同志都是一把好手"。又说他"柔中寓刚，绵里藏针。外面和气一点，内部是钢铁公司"。他个性鲜明，性格坚强，宁折不弯，不屈不挠。毛泽东提议由他来主持搞一个评价"文化大革命"的决议，他婉言谢绝："由我主持写这个决议不适宜，我是桃花源中人，'不知有汉，无论魏晋'。"孟子说："得志，与民由之；不得志，独行其道。富贵不能淫，贫贱不能移，威武不能屈，此之谓大丈夫。"邓小平表现出来的正是这种大丈夫的"浩然正气"。

1992年初，邓小平视察南方谈话，提出了许多鼓舞人心的全新的见解，表现出坚毅果断的大无畏精神和非凡的胆略气魄。他指出："改革开放胆子要大一些，敢于试验，不能像小脚女人一样。看准了的，就大胆地试，大胆地闯。深圳的重要经验就是敢闯。没有一点闯的精神，没有一点'冒'的精神，没有一股气呀、劲呀，就走不出一条好路，走不出一条新路，就干不出新的事业。""要抓住机会，现在就是好机会。我就担心丧失机会，不抓呀，看到的机会就丢掉了，时间一晃就过去了。我国的经济发展，总要力争隔几年上一个台阶。"这些话听起来，真是让人精神振奋。谁能想象，说这些话的竟然是一位 88 岁的老人，在他的身上始终洋溢着创新的激情。

邓小平被称为我国改革开放和现代化建设的总设计师。他以鲜明的风格，对马克思主义理论做出了创造性贡献。他所创立的邓小平理论，以全新的面貌回答了一系列重大理论和实践问题。他第一次提出社会主义市场经济理论。他说："计划多一点还是市场多一点，不是社会主义与资本主义的本质区别。计划经济不等于社会主义，资本主义也有计划；市场经济不等于资本主义，社会主义也有市场。计划和市场都是经济手段。"社会主义与市场经济的结合，是人类历史上一项前所未有的伟大改革试验，其成功具有划时代的意义，它从根本上改写了政治经济学教科书，改变了人类对社会主义和市场经济的认识，进一步丰富和发展了马克思主义。

李光耀评价道："邓小平是一个伟人，他引领贫困的中国发展成今天的模样，成为世界最强大的经济体指日可待。如果没有邓小平，中国有可能重走苏联的老路。"中国的发展、历史和人民，已经对邓小平作出了最高的评价，他的文章写在了中国大地上。

我们研究和学习邓小平的文风，就是要像他那样，做到短、实、深、新，以质取胜，以用为贵，更好地发挥以文载道、经国济世的作用。

（本文在中央国家机关"纪念邓小平同志诞辰110周年学术研讨会"征文活动中荣获一等奖，被推荐参加纪念邓小平同志诞辰110周年学术研讨会。）

我的读书经历与体会

　　一生喜爱读书，书籍成为不可缺少的朋友。养成了每天读书的习惯，读书就变成了生活的一部分。每天晚上睡觉前，总要躺在床上拿上一本书，读一两个小时后在回味无穷中入睡。闲暇时间总爱逛书店，买上几本喜欢的书，然后躺在床上专心致志地看书，被书中的内容所吸引而陶醉其中，甚是惬意！一次与朋友交谈，问他周末休息时喜欢干什么？他说喜欢待在家中，拿出几本买来的好书，泡一杯清茶，一读一天，乐而不倦，乐而忘食，我与他很有同感。

　　记得小时候，那是"文革"期间，家里没什么书，书店也没多少书卖。有谁拿一本少头没尾、卷角掉页的连环画，大家都如获至宝，争先恐后地抢着看。不少文学书都是从看连环画开始的，《西游记》、《林海雪原》、《烈火金钢》、《半夜鸡叫》等，看得有滋有味，被其中的故事情节所吸引，看了开头就想知道结尾。从那时候就引起了读书的兴趣，在心里面埋下了读书的种子。为了能够买到一本自己喜爱的连环画，宁可随大人赶集赶会时饿着肚子不吃饭，甚至自己卖牙膏皮、逮蝎子、挖中药材等挣几毛钱去买书。

上中学以后，那时课程很松，"学制要缩短，教育要革命"，整天是学工学农，甚至一度物理化学课本变成了《工业基础知识》，自然生物课本变成了《农业基础知识》，好在没有现在学生上学的压力，反而有不少闲时间去看课外书，现在想来除了感到那时教育和学习的贫乏之外，也庆幸有时间读许多的课外书，这是现在的学生所不及的。那时能够找到的文学书差不多都读了，如《红岩》、《青春之歌》、《红旗谱》、《野火春风斗古城》、《苦菜花》等都是在传借中读完的。至于中外古典名著，那时很少能看到，记得《三国演义》、《水浒传》、《西游记》、《红楼梦》、《隋唐演义》、《说岳全传》等，都是费心求人借到的，大多是包着皮、掉了不少页的旧书，人家还只借给你两三天甚至一天时间，于是夜以继日、彻夜不眠地看。为此没少挨家里大人的骂，大人觉得看书没用，点灯耗油，浪费时间，还不如帮家里干点活。这样子，看书也只能偷偷地看，甚至还要为逃学和不下地干活编造一个生病的理由。

后来上了大学，最大的快乐就是学校有一个大图书馆，有着自己以前从没有见过的那么多的书。置身于书的海洋中，就好像一个长期饥饿的人突然得到了无数的美味佳肴一样，那种惊奇和满足是可想而知的。在上课学习之余，把借来的一摞一摞的书抱回去，沉浸在读书的快乐中。那时候，刚刚恢复高考，大学生是非常稀缺的，全社会都用羡慕的眼光看待大学生。作为高招后第一届大学生，一方面庆幸自己改变了命运，有着别人称羡的自豪感；另一方面也觉得大学生必须懂得许多知识，真正成为一个知识分子。大学四年，看了许多中外名著，拼命用丰富的知识充实自己。什么《唐诗》、《宋词》、《古文观止》等，拼命地背啊；以前很少见到的国外名著如《复活》、《战争与和平》、《巴黎圣母院》、《悲惨世界》、《茶花女》、《莎士比亚戏剧集》等，昏天黑地地看。自己还制订了一个读书计划，这学期看什么，下学期读什么，从文学到哲学、从经济到政治，凡是有名的，都要借来看一看，不看就显得自己没有水平。有些看不太懂的书如黑格尔的《精神现象学》、《逻辑学》等，也要看出个大意。知识开阔了眼界，使我看到了一个更大的更新奇的世界。有人说，知识决定眼界，人的一生就像在一个无形的"圈"中生活，你读书越多，知识就越多，你所拥有的这个"圈"就越大，给了你越来越大的生活世界。信哉斯言！

大学期间开始读的是政治系，那时候百废待兴，一切都在变化之中，大学第三年就一分为四，分成了政治、经济、哲学、法律四系，自己被提前作为师资选送到山东大学进修科学社会主义，与所学专业相联系，读了不少马列主义理论著作，《马克思恩格斯选集》、《列宁选集》、《斯大林选集》、《毛泽东选集》、《资本论》等，这些都看了不止一遍，应该说打下了比较扎实的马克思主义理论基础，这对以后的工作和研究很有帮助。毕业后，留在大学从事教学工作，又转搞社会学，比较系统地读了一些中外社会学家的著作，费孝通先生的《乡土中国》、《江村经济》、《生育制度》等著作对我产生了比较大的影响，他所倡导的田野调查方法和实证研究使我深感学术研究必须建立在实际的基础之上，从实证研究中建立理论并验证理论。正是这种对社会学田野调查和实证研究的推崇，才使我报考了中国社科院社会学所陆学艺先生的博士研究生，从研究中国农村社会进而认识整个中国社会，并从社会结构变迁中探求社会发展变化的规律。

过了猛攻恶补的阶段，开始有选择地看书。工作以后，读书更多更广泛。总体上，自己是一个读书比较杂的人，兴趣广泛，涉猎颇多，文史哲、政经社等什么书都看。除了政治、经济等专业书外，买书和读书比较多的是这样几类：

一是历史、地理、文化方面的书。除了一般的历史书之外，费正清主编的《剑桥中国史》、唐德刚著的《晚清七十年》等都很值得一读。我看历史书，一般还喜欢与中国历史地理、中国职官志对照来读，这样可以使人知道古代地名、地域、职官等的变迁，郭沫若主编的《中国史稿地图集》和谭其骧主编的《简明中国历史地图集》都是很好的参考书。我喜欢买各种各样的地理书和地图册，平时没事的时候也喜欢研究地图，尤其是一些专业化的地图，可以增加许多知识。有一张国际新闻地图，是按国际政治经济组织如阿拉伯国家、伊斯兰国家、中东地区、苏联地区、前南斯拉夫地区、北大西洋公约组织、石油输出国组织等编排的，很有专业性。文化方面，喜欢看不同文化比较的书，如中国文化、日本文化、欧洲文化、印度文化、伊斯兰文化等，美国驻日本前大使赖肖尔写的《日本人》是一本有关日本的很好的参考书，他是一个日本通，长期住在日本，还娶了一个日本妻子。美国人类学者本尼迪克特写的《菊花与刀》是一本深刻分析日本文化的书，成为外国人了解日本的必读书。日本的陈舜臣写的《日本人与中国人》也是一本不错的比较中日文化的著作。在城市文化研究方面，林语堂的《大城北京》、易中天的《读城记》都是值得一读的好书。

二是文学、人物传记方面的书。文学方面，除了中外名著之外，也喜欢读一些新流行的小说。陈忠实的《白鹿原》是一本关中平原几十年风云变迁的具有史诗般价值的好书。余秋雨的散文写得不错，《文化苦旅》是其写得很好的一本，他的《中国文脉》让人可以了解中国文学史的概要。人物传记方面，既有文学性又有可读性而写得最好的一本是林语堂的《苏东坡传》。写希特勒的《第三帝国的兴亡》也很值得一看。有一个时期，看了不少斯大林的传记，其中写得好的是英国的伊恩·格雷的《斯大林——

历史人物》，苏联的阿夫托尔哈诺夫写的《斯大林死之谜》，还有斯大林女儿斯维特兰娜写的《致友人的二十封信》和《仅仅一年》等，我花了不少工夫来研究斯大林，为此还写了一本书《斯大林之谜》，出版后颇受欢迎。

三是国际比较研究方面的书。主要是以中国为中心，以别国为参照，来研究中国的发展变化。这方面感到有价值的好书主要有：费正清的《美国与中国》、美国奥戴德·申卡尔写的《中国的世纪》、瑞士艾蒂安写的《世纪竞争：中国和印度》、美国的内森和罗斯合著的《长城与空城计——中国对安全的寻求》，还有获得广泛好评的美国托马斯·弗里德曼的《世界是平的》和英国的马丁·雅克的《当中国统治世界——中国的崛起和西方世界的衰落》，都是深入了解中国与世界的必读书。

回顾自己的读书经历，有以下几点体会。

第一，读书使人充实和快乐。

古人有一种观点，读书要受得"十年寒窗苦"，甚至要"头悬梁，锥刺股"。我极其不理解，难道读书有如此痛苦吗？仿佛要你读书，非弄得要重刑伺候不可呢！我的体会是：读书是一件非常快乐的事，兴趣和爱好是读书的最大动力。所以我们的学校教育应该是快乐教育，不应该是痛苦教育，把读书变成一件痛苦的事，任谁也不愿读书的。人们对读书的好处讲了很多，如培根讲读书使人明智，知识就是力量，还有人讲读书给人启发，读书可以怡情养性，等等，这些都对。孔子曰："学而时习之，不亦说乎？"就是讲读书是一件很快乐的事。孙中山说："我一生的嗜好，除了革命之外，就是读书。我一天不读书，就不能够生活。"我从读书中深深体会到，没有书的生活是一种精神贫乏的生活，不读书的人是一个精神贫困的人，读书可以丰富我们的精神世界，使我们获得充实快乐的人生。书籍是文化传承的载体，是几千年来人类知识的结晶，是无数他人经验智慧的总结。你要拥有这些，不必再重新从钻木取火开始，而可以通过读书获得。通过读书，我们没有去过美国却可以了解美国，我们没有经历过唐朝却可以认识唐朝；通过读书，我们可以与先贤哲人孔子、孟子、老子、庄子、亚里士多德、柏拉图等对话，可以理解文学大师李白、杜甫、曹雪芹、普希金、托尔斯泰、莎士比亚的心理和感情；通过读书，我们能够了解大到浩瀚无际的宇宙世界，小到神奇的蜜蜂王国和原子内部结构。读书，使我们畅游在知识的海洋，获得一个全新的世界。一个不读书的人，只能从直接接触中如从个人经历和别人的言传身教中获得知识，局限于自己周围狭隘经验的小范围，基本上是一个无知的人；而一个读书的人，则超越了时间和空间给予他的限制，可以跨越数千年，纵横几万里，拥有更加广阔的眼界和知识。读书是人类进步的阶梯，这是千真万确的真理。

第二，读书需要眼光。

人类至今，留下的书籍浩如烟海，每天还在产生成千上万的

书。毋庸讳言，其中好书坏书正书邪书精品书垃圾书什么样的书
都有，而大量的则是一般化、平平的甚至包含错误的书。读书使
人明智，是指读好书使人明智，读了一般化的书、错误的书、荒
谬的书，不但无益，反而有害，变成了读书使人糊涂。这样的事
例，不乏其人，不是有书呆子一说嘛！人生如"白驹过隙"，时间
是非常有限的，必须在有限的时间里读最好最有用的书。读书，
读哪些书，选择什么样的书，是要下一番沙里淘金的功夫的。当
然，人类进步到今天，已经形成了一大批公认的好书，这是我们
的必读书。除此之外，还要看个人的兴趣和爱好，其中也包含读
者的眼光。看一个人的藏书，尤其是他读了什么书，大致是可以
知道他的知识结构的。过去说，文如其人，其实书也如其人，什
么样的人会喜欢看什么样的书。有人喜欢武侠，有人喜欢琼瑶，
各取所需，各有所爱。一般来说，应该选择看那些能够增长知识、
培养和提高专业技能的书，具有真知灼见、给人以智慧和启迪的
书，能够陶冶情操、给人以信心和力量的书。

第三，读书需要方法。

工欲善其事，必先利其器。掌握好的读书方法，可以收到
事半功倍的效果。有的人好读书不求甚解，什么书都看，看
后不知所云，抓不住要害和真谛。这就好像到了一个五光十
色、令人眼花缭乱的大商场去买东西，什么都想买，不知道买
什么，东转西逛，最终一无所获。读书也是这样，在一个知识

爆炸的时代，掌握知识必须要有方法。有人说了一句很有道理的话，我们上大学，重要的不在于学了多少知识，而在于掌握了获取知识的方法。教师的职责不在于"授人以鱼"，而在于"授人以渔"。一般来说，读书要学会略读、粗读和精读。在知识的海洋中，许许多多的书只是翻一下就可以了；一般的书只要略读，了解主要的精神即可；稍微好一点的书要粗读，拣主要的部分读，要有基本的了解；少数精品书则要精读，甚至不止看一遍，可能要反复地看，达到消化吸收，融会贯通。李敖说他读书不但要圈点批注，甚至喜欢把书撕开来读，把其中的内容分门别类加以整理归档，背面还要复印，不以保存为目的，而以读烂为目的。可见，读书还是需要各人创造一些"怪招"的。

第四，读书需要批判精神。

古人说，尽信书，则不如无书。书乃一家之言，尽管是天才大家，也不可能尽善尽美，毫无瑕疵。马克思说过，要批判地继承人类社会创造的一切优秀文化遗产。读书要始终保持一种独立的理性的批判精神，用挑剔的审视的目光来看书。青少年有不少人看书入迷，看金庸的武侠小说把自己想象成其中武艺高强的侠义英雄，看琼瑶的言情小说而陷入其中不能自拔，看所谓算命预测之类的书而信以为真，这些都是在书中迷失自我的表现。牛顿说："如果说我比别人看得更远些，那是因为我站在了巨人的肩膀上。"读书要深入书中理解，跳出书外思考，站在前人的肩上登高望远，这样才能达到"会当凌绝顶，一览众山小"的境界和"青出于蓝而胜于蓝"的效果。

第五，读书的目的在于应用。

读书不是只为了读书，而是为了掌握知识、增长智慧最终为我所用。学以致用，实践出真知，讲的都是这个道理。有的人读了一辈子的书，只是读书，无有所长，无有所用，读死书，死读书，最后变成了书呆子。这是读书失败的典型。成功的读书者，必然是实践者。像毛泽东，熟读中国历史，饱览历代典籍，用于治国理政，成就一代伟人。像钱学森，学贯中西，精通文理，既是科学家，又是战略家，成为中国的航天之父和导弹之父。像鲁迅，博览群书，著作等身，从读别人的书到写自己的书，成为伟大的文学家和思想家。一切杰出人物，都富于创造性，不拘泥于书本，而是从书中来，到实践中去，"纸上得来终觉浅，绝知此事要躬行"，由读书而实践、而创造，最终又把他们的智慧凝结在书中，成为一切后学者的榜样。

调研报告

日本考察报告：
深刻认识中国与日本发展的巨大差距

2011 年 10 月，国务院研究室组团到日本考察 21 天，这次考察的主题是"转变经济发展方式"，主要想了解日本在经济发展过程中，如何从高投入、扩张型、高速度的发展，转变为更多依靠科技创新、提高经济增长质量和效率、更加注重能源资源节约和生态环境保护的发展轨道上来，政府制定实施了哪些政策举措，企业、社会各方面都采取了哪些措施来加以落实。

中国的经济发展当时正处在转变发展方式的关键时期，长期以来主要依靠低成本劳动力、扩大投资和出口来拉动经济增长，高投入、高消耗、高速度发展的同时，带来了能源资源的大量消耗和浪费、生态破坏和环境污染严重等突出问题，经济发展不协调、不平衡、不可持续，长此以往难以为继。因此，希望学习借鉴发达国家包括日本走过的道路、他们的做法和经验教训。日本在转变经济发展方式方面有其独到之处，特别是他们高度重视教育和科技发展，依靠高素质的劳动力和科技创新推动经济发展；高度重视经济增长的质量和效率，创造出精益求精的"日本制造"；高度重视生态建设和环境保护，建成绿色可持续发展的优美环境。考察组成员有来自国务院研究室的同志，还有来自地方政府研究室的同志，大多数人是第一次去日本，大家都抱着很高的期待，希望通过考察能获得更多有价值的收获。

这次考察应该说是一次比较全面的综合性调研，到日本有关政府部门、企业、大学、研究机构等进行访问交流，听取专家学者的授课讲解，到东京、大阪、福冈等地参观考察。行程结束时，我们召开了内部交流会，大家总结了考察的收获和感受，并各自选择重点关注的方面准备写一篇调研报告。这次考察最后形成了多篇系列报告，印发《送阅件》报领导同志参阅。我写的一篇考察报告，选择了中日比较的角度，重点是谈我国发展与日本存在的差距，以及日本转变发展方式对我国的启示。报告印发后，引起了较大反响，领导同志反映有较大参考价值，还有领导同志专门让我多送去几份，以便转给更多领导同志参阅。后来，报告在人民日报社主办的《人民论坛》发表，产生了比较大的影响。在之后的好几年时间里，一次次地被不断在网上转发，形成了几次小热潮，也带来了我的困惑和不安。

2011年我们去日本考察时，当时还是民主党执政，两年时间换了三任首相，分别是鸠山由纪夫任职 8 个多月，菅直人任职 2 个多月，野田佳彦刚上台任职 1 个多月。当年 3 月日本东北地区发生大地震引发海啸，造成福岛核电站严重泄漏事故，我们 10 月去日本时核事故已经过去，但其后续影响还很大。当时中日两国关系还比较友好，还没有发生后来的钓鱼岛"国有化"事件。到 2012 年 12 月，日本自民党重新上台执政，开启了安倍晋三首相的长期任职，中日关系出现了较大波折和动荡。我比较担心的是，在中日关系变坏、人们反日情绪高涨的时候，这份对日本说了不少好话的报告会引起不同反应。其实，了解了上边所说的这一历史过程和背景，就会理解当时写出这篇考察报告时候的初衷，就是希望"他山之石，可以攻玉"，学习借鉴别国的长处和经验，更有利于推进我国的经济社会发展和现代化建设。

我们一直说，中日两国是一衣带水的邻邦，是永远搬不走的邻居。从中国北京乘机飞到日本东京，只要两个多小时，与到广州差不多，远少于北京到昆明、拉萨和乌鲁木齐的距离和时间。每一个到日本的中国人，都会有一种奇异又奇妙的感觉，这里近似中国又不似中国。首先，看到的日本人与中国人长相基本一样，在西方人的眼中更难于分出彼此，这与到欧美国家尤其是到美国那种人种博物馆所看到的各色人等完全不同。其次，日本到处都可以看到汉字，其意思也都差不多知道，即使不会说日语，问路问事也可以通过写字交流，这与到其他国家看到的都是不认识的文字很不一样，有时仿佛有一种没有出国的感觉。还有，在日本许多地方都可以看到中国的事物，比如徐福像、唐招提寺、鉴真大师、京都的洛阳等，让人有一种穿越回到中国古代的沧桑和怀旧之感。在日本福冈市博物馆，我们专门参观了这里的镇馆之宝，一个两千多年前的金印，上面刻着"汉委奴国王"的篆字，这是中国东汉皇帝赐给日本使臣的信物，相传为一当地农民在其田地中所发现。时至今日，这成了中日两国历史交往的真实印证。中日两国有两千多年的友好交往史，日本文化深受中国文化的影响。特别是在日本奈良和京都，我们仍然可以看到中国唐代的建筑式样，看到唐风唐韵的悠久影响，看到日本人对历史的尊重和改新的日本风格。

到日本考察和访问，真是让人感慨万千。中国汉唐的辉煌盛世，中日两国之间千丝万缕的联系，中国近代的故步自封和腐败衰落，中国人留学东洋学习先进科技文化，日本的西化崛起和对中国的野蛮侵略……中国自古以来没有做过对不起日本的事情，日本深受中国文化的滋养恩惠，却在近代富强之后蓄意侵略压迫中国，给中国人民带来了不可磨灭的沉重灾难，留下了永远无法忘记的刻骨铭心的伤痛，这永久地凝化并回响在国歌声中："起来，不愿做奴隶的人们，把我们的血肉筑成我们新的长城。中华民族到了最危险的时候，每个人被迫着发出最后的吼声。起来，起来，起来，我们万众一心，冒着敌人的炮火前进，前进，前进……"

由翱翔的思绪回到现实，我们看到了日本国的发达和辉煌，也看到了日本的老龄化和经济低迷；我们看到了日本的富裕和精致化生活，也看到了日本的礼仪和循规蹈矩；我们看到了日本的管理、秩序和文明，更看到了日本人民的勤劳、友好和精益求精的精神。

就是在这样的考察和感触中，形成了这篇调研报告。为了保持当时的原貌，没有再作任何修改。

近期，我们组团到日本进行21天的考察调研，围绕转变经济发展方式的主题，到有关政府部门、企业、大学、研究机构访问交流，听取专家学者的意见，到东京、大阪、福冈等地参观考察。总的感受是，虽然日本经历了20多年的经济低迷，被称为"失去的20年"，但日本经济社会发展已进入到高度发达文明的阶段，中国在现代化道路上与日本还有巨大的差距。我们必须时刻自省自警自励，学习借鉴日本的长处，抓住机遇加快发展自己。

一、正视中国与日本发展的巨大差距

日本三菱综合研究所和野村综合研究所是两家知名的民间智

库。我们访问交流时，他们都对日本的经济发展有一种强烈的危机意识。横井正配是野村综合研究所的中国区域担当部长，他一半时间在中国，一半时间在日本，他说感觉两边落差非常大，中国的发展是朝气蓬勃，日本则是死气沉沉。中原丰是三菱综合研究所的副社长，他比喻说，日本是一个日出的国家，但现在却是太阳下山的国家，而中国则是太阳当空的国家。我们深刻地感受到，日本许多有识之士都对国家和民族的发展抱有强烈的责任感和使命感，他们在研究日本面临的问题症结，并寻找着重振日本雄风的未来。

访日之前，我们研究了中日经济发展的对比，可以说中日经济发展经历了一个彼消此长的过程。1991年日本泡沫经济破裂，此后进入了长期的经济低迷时期，被称为"失去的20年"，深陷经济的泥潭中不能自拔。过去20年，中国经济年均增长达到10.5%，而日本只有1.1%。1987年，日本GDP超过苏联成为世界第二大经济体。日本经济占全世界经济总量的比重从1994年最高峰时的17.67%，逐步下降到2010年的8.7%；中国经济占全世界经济总量的比重从1991年的1.83%，逐步上升到2010年的9.3%。1994年日本经济总量相当于中国的8.55倍，达到战后以来的历史顶峰，随后中日经济差距迅速缩小，1997年日本GDP降为中国的4倍多，2002年降为中国的2倍多，2006年降为中国的1倍多，2008年之后两国GDP已比较接近。1990年中国居世界经济第10

位，1995 年超过巴西、西班牙、加拿大上升到第 7 位，2000 年超过意大利居世界第 6 位，2005 年超过法国和英国居世界第 4 位。2007 年超过德国居世界第 3 位，2010 年超过日本成为世界第二大经济体。国际货币基金组织预测，按照目前的发展速度，今后五年中日之间的经济差距将进一步拉大，到 2015 年中国 GDP 可能达到日本的 1.5 倍以上。世界各国公认，中国的崛起不可阻挡，中国长达 30 多年的高速增长创造了世界经济发展史上的奇迹。

正是由于中国经济发展的辉煌成就和日本经济的长期低迷不振，使得国内外许多人看好中国，而看衰日本，甚至有不少中国人也认为，中国即将全面超越日本。

到底应该如何看待中国和日本的发展？这是访日前后始终萦绕在我们心头的问题。通过在日本的访问、考察、接触和了解，使我们深深地感受到，对日本发展的看法和评价不能简单地被中国经济总量超过日本成为世界第二经济大国的表象所掩盖，日本的经济社会发展不像有些人所认为的那样"深陷泥潭"，相反日本经济运行总体还比较平稳，经济社会发展都进入到有序运行的轨道，经济和社会管理的各个方面都达到了精细化的程度。日本的就业相对比较充分，人民生活比较富足，国民心态比较平和，社会秩序安定和谐，城乡地区之间发展比较均衡。总体上，日本经济社会发展已经进入高度发达文明的程度。与此相对照，中国在现代化的道路上与日本还有相当大的差距。

第一，经济实力方面存在巨大差距。

虽然中国的经济总量超过日本，但中国的国土面积是日本的25倍，人口是日本的10倍多，反过来日本的人均GDP是中国的10倍。2010年，日本人均GDP是42150美元，而中国只有4260美元。日本在世界上的高收入国家中名列前茅，而中国仅排在第120位左右。日本经济方面的巨大优势突出体现在三个方面：工业制造、金融实力、技术优势，这是日本维持世界经济霸权的三大支柱。

一是强大的高端工业制造能力。日本三菱综合研究所的中村裕彦先生说，日本为什么能够成为世界上的高端制造大国？因为日本没有多少资源，能源自给率不到20%，粮食自给率只有28%，要维持日本人的生存，满足能源和粮食的进口需要，就必须发展具有强大竞争力的制造业，这是日本的生存之道和生命线所在。日本正是以这种深刻认识和进取精神，牢牢占据世界制造业的高位。工业实力和强大的制造能力成为日本最重要的王牌。日本的工业制造业高度自动化，日本成为世界上最大的机械设备和工业机器人制造大国。世界500强企业中，日本共有68家跨国企业上榜，仅次于美国而居世界第二位。日本产生了一大批世界知名公司和品牌，如丰田、三菱、日产、索尼、东芝、松下等，其产品技术含量和质量精益求精，享誉全球。在日本工作的中国教授告诉我们，日本产品很少有质量问题，更不可能有假冒伪劣，同样的产品各地价格也相差不多，顾客尽管放心购物。日本制造成为品牌、技术、质量的代名词。

二是强大的金融实力。日本早在 20 世纪 80 年代就确立了世界金融帝国的地位，后来虽然受到泡沫经济破裂和金融危机的很大冲击，但金融实力依然强大。日本一直是世界上最大的债权国，2010 年日本的海外净资产总计为 3.07 万亿美元，相当于其国内生产总值的 55.8%。

三是强大的技术优势。永远保持技术领先优势，这是日本手中的核心王牌。日本提出"技术立国"战略，在研发领域始终保持世界至尊地位。日本的研发投入占全球研发投入总量的 20%，而其人口只占全球的 2%。日本的科研投入相当于国内生产总值的 3.4%，其中 77% 来自企业，而经合组织成员国的平均水平只有 2.3%。全球十大发明型企业中，有八家在日本。其专利发明集中在电子、机械、精细化工、纳米新材料、能源与环保等高科技行业。在可见的将来，日本的技术领先地位难以动摇。

第二，日本处在现代化的领先地位。

访问日本期间，最直观的感受就是日本完善的基础设施，特别是发达的综合性立体交通体系。日本全国近 1.28 亿人居住在面积只有 37.78 万平方公里的列岛上，而且还主要集中在本州岛上，但到处的交通都很通畅，包括东京这个国际化大都市，几乎看不到长时间堵车的现象。主要是因为，虽然日本汽车工业发达，居民家庭汽车拥有率很高，但大城市地下铁路、地上高架轻轨构成了一个立体交通网，到任何一个地方都很方便，人们出行首选的是轻轨和地铁（日本人都叫电车），很少有人会开车上班，甚至一些大公司的经理、政府的高官也都乘坐地铁。我们在东京的几天活动，充分体验到了地铁和轻轨的方便之处。我们在访问交流中，日本人很为他们完善便捷、节能环保的基础设施自豪，并认为日本在基础设施的规划、建设、运营和管理方面具有向其他国家出口的优势。

日本在城乡、区域发展方面已达到了比较均衡的状态。日本从南到北，沿途所见，各地区发展都很现代化。日本的农村一样能够享受现代化发展的成果，交通便利，服务设施比较完善，生活水平与城市差别不大。与此相对照，中国的城乡、区域之间还存在着很大差距，特别是还处在农村劳动力向城市大规模流动的阶段。仅就消化吸收这庞大的农村人口，最终达到城乡之间的相对均衡，恐怕就需要两三代人、几十年的时间，这就充分体现了中国与日本现代化的一个重要差距。

第三，日本在生态环保方面的突出成就。

日本虽然是一个地域狭小、自然灾害频发和多山的国家，但生态环保做得非常好。人们具有非常强烈的环保意识，每个人都自觉地保护环境。穿行在日本的城市之间，高速公路许多时候是在山洞和桥梁之间通过，所见山峦到处都是森林覆盖，一片郁郁葱葱。日本的森林覆盖率达到 64%，是世界上森林覆盖率最高的国家之一。日本非常重视绿化，即使在繁华的东京，高大的树木、整齐的草坪、大片大片的绿色也尽收眼底，似乎有土地的地方就被绿色的植物所覆盖。

访问日本真正地感受到什么是整洁干净。无论是城市还是乡村，给人的第一感觉就是干净，这大概是我们中国人到日本的强烈感受。据介绍，日本是世界上垃圾分类管理最严格的国家，家家户户自觉对垃圾进行分类，按时定点收集，甚至街道上的垃圾桶也不多，人们出门都自觉地带着塑料袋，把准备扔的垃圾保存起来，放在有收垃圾的地方。在任何地方，都看不到乱扔垃圾和随地吐痰的问题，也没有如美国纽约地铁乱写乱画的现象。

日本更是十分强调节约的国家，全民具有强烈的节约意识。日本的饭菜都是分量较少，刚好够一个人吃即可，即使是大家一起聚餐，所点食物也是够吃就好，不会出现吃不完浪费的现象。日本人认为，他们的资源和食物有限，虽然现在已经非常富裕，但视浪费为犯罪，良心上感到不安。对比中国人餐桌上的巨大浪费，真使我们感慨万千。这次东日本地震海啸和核辐射，造成电力普遍紧张，日本人更是感到了能源的紧缺，提倡和推行各行各业和全社会节能，办公室、家庭和许多公共场合都只开一半的灯，虽然没有强制，但人们都非常自觉地实行。日本一些企业都配备有能源管理师，负责落实节能标准。交通节能也是日本节能的一大领域，政府大力发展公共交通，国民自觉不开汽车，现在骑自行车在日本又流行起来，既节能，又减少污染，还可以锻炼身体，受到人们的普遍欢迎。日本应该说是世界上节能减排做得最好的国家，其能源使用效率相当于中国的 15 倍之多。

第四，日本是世界上最和谐有序的国家。

日本社会给人的第一感觉是有序。交通人流都在无形中听从一个指挥，就是都遵守规则。在大城市的街道上很少能看到警察，各个路口只有红绿灯在指挥交通，绿灯亮时发出一种"嘀嘟，嘀嘟"的声音，提醒盲人可以过马路。汽车和行人都严格遵守交通规则，无论是市内还是市外的车流，看不到如中国常见的不断强行并线、超车、加塞甚至进入逆行道往前超车等违反交通规则的情况。据说日本发生交通事故的概率很低，在世界上也是交通事故率最低的国家之一。从表面上就可以看到，日本是一个很守规则的社会。

在日本访问旅行，中国人经常会问，这里安全吗？东西会丢吗？在日本人的心目中这都是不成问题的问题。日本是世界上犯罪率最低的国家，安全根本不是问题。陪同我们的人说，他在日本生活二三十年，基本上没有碰到过丢东西的现象。中国人总是说，你帮我看着东西。可日本人不明白，东西你看它干吗。在日本的机场、饭店、宾馆等各个地方，经常可以看到放着没人看的行李，旁边人来人往，并没有人觉得东西不安全。陪同的人告诉我们，在日本没有人家装防盗门，窗户上也没有防盗网，因为他们不担心会被盗。我们专门看了街上停放的自行车、摩托车，有些是上锁的，也有不少是不上锁的。这也印证了日本社会的安全。我们感到，在日本真使人有一种"路不拾遗、夜不闭户"的感觉。

日本还是世界上最公平的国家之一。日本朋友甚至开玩笑说，我们是真正的社会主义国家。人们不管是从事哪行哪业，工资收入差别不大，而且非常透明，没有工资外的灰色收入。要知道日本人的收入很容易，只要知道他大学毕业时间和年龄就可以了。一般来说，大学刚毕业每月收入 20 多万日元，相当于人民币 1.6 万多元；30 多岁的人一般收入 30 万—40 万日元，相当于人民币 2.5 万—3.3 万元。据日本的教授讲，一般资历比较高的教授的收入与日本首相相当，都是一年 1200 万日元左右。日本实行严格的个人所得税和遗产税，遗产税率从 10% 到 70%，这些都成为调节收入分配的有效手段。因此，日本的基尼系数比较低，大约是 0.285，属于世界上收入差距最小的国家之一。

日本还是世界上最廉洁的国家之一，日本一直处于最清廉的前 30 个国家之列。日本是世界上人均寿命最高的国家，女性的平均寿命为 85.33 岁，男性为 78.33 岁，均创下全球最高纪录。

第五，日本具有很高的国民素质。

人们普遍承认，日本的国民素质很高。这首先与日本的教育水平高有很大关系。高中毕业的学生大多数都可以上大学，受过大学教育的人数占总人口的一半左右。日本人给人留下深刻印象的，有几点特别突出：一是讲礼节。对人非常有礼貌，赴约非常守时，日本人的鞠躬世界闻名，商场、宾馆、饭店总可以看到服务人员对客人鞠躬致谢。在日本几乎看不到无礼的举动或粗鲁的行为举止。二是重信用。日本人诚实守信，在商业买卖中几乎不会发生欺诈行为，坑蒙拐骗的事情绝少发生。日本的企业也以讲究信用、产品质量精良著称于世。三是严格自律。日本人的口头禅是不给他人添麻烦，每个人都把自己的事情做好，并尽力做到尽善尽美。在日本看到街上的小汽车，都是擦得干干净净，每家每户每个商店门前也都是收拾得干干净净，这也是"不给别人添麻烦"的具体表现。在日本的大街上、地铁里，看到的上班一族都是西装革履，日本人喜欢穿西装是一种自律的文化要求。令我们惊奇的是，出租车司机也都是西装领带，和公司白领没有差别。日本人工作负责，讲究效率，勤勉敬业，精益求精，工作中加班加点成为常态，而且都是人们的自觉行为。四是团结精神。在日本，给人的感觉，这是一个高度一致的社会，根本没有如其他国家那样的不同民族、种族、语言、文化上的差别，更没有这些方面的社会冲突。日本人具有一种团队精神，大家都融入集体行为之中，为了集体的和社会的利益，甘愿放弃自己的个人利益。日本民族始终有一种强烈的危机意识，有非凡的适应能力，有不屈不挠的奋斗精神，这些都是日本取得卓越成就的重要因素。

一位在中国、美国、日本三地的大学都工作过很多年的华裔教授说："中国与日本的国民素质相差 30 年，即使中国现在跟日本在一条起跑线上，中国也未必能够赶上日本。"听了这话，我们感到别有一番滋味在心头。

二、日本经济发展中存在的深层问题

日本之所以经济长期低迷，有它深层次的矛盾和问题。这也是我们这次访问日本时另一方面的重要感受。

一是日本泡沫经济破裂，产生了长期的严重后遗症。谈到日本经济的长期低迷，就要追溯到日本泡沫经济破裂的影响，而之前的"广场协议"则是一个重要转折点。20 世纪 80 年代，日本经济经历了战后高速增长期后又出现了"辉煌的 10 年"。日本产品大量出口到世界各地，尤其对美国形成了巨额贸易顺差。美国迫使日本达成出口"自愿限制协定"，但效果不佳。1984 年底，美国对日贸易逆差突破 1000 亿美元。1985 年 9 月，美国加上英、法、德与日本签订"广场协议"，迫使日元大幅升值。到 1988 年日元兑美元几乎翻了一番，从 238∶1 骤升至 128∶1。一方面，日元升值造成日本企业大肆进行海外投资，购买美国资产；另一方面，出口减少造成经济增速下降，日本大幅调低利率，实施极为宽松的货币政策，加上大量国外热钱流入，导致金融资产和房地产价格飞涨。日本股市价格 5 年间增加了 3 倍，房地产价格上涨了 2.4 倍，国家资产几乎翻了一番，日本经济呈现"炫目的辉煌"。1990 年，日本的地价市值相当于整个美国地价的 4 倍，仅东京都的地价就相当于美国全国的总地价。1991 年，日本泡沫经济破裂，股价和房地产价格一路狂跌，银行资产大量缩水，不良贷款增加，经济急剧下滑，跌入衰退的深渊难以自拔。有人把这次泡沫经济破裂称为"二战后日本的又一次战败"。之后 1997 年亚洲金融危机和 2008 年国际金融危机，更使日本经济雪上加霜。银行不良债权久拖不决，国家财政不堪重负。日本成为世界上政府负债最高的国家，2010 年政府债务总额占到国内生产总值的 227%，所幸国债 96% 是由日本国民购买的。日本经济经历了长达 20 多年的低迷，至今还看不到景气和恢复的迹象。

二是有限的国内需求，制约了日本经济发展的空间和余地。日本经济长期依赖外需，出口商品具有强大的国际竞争力，一直保持贸易顺差国的地位。日本强大的制造能力和有限的国内需求形成了一大矛盾。经过长期的现代化发展，日本的国内发展已经达到饱和的状态。我们到日本很少看到有新建的楼房和新修的基础设施，许多地方多少年都保持原样，强烈地感受到日本的发展已达到完善成熟的程度，没有多少发展的空间和余地。

三是日本政权频繁更迭，缺乏政策的稳定性和连续性。日本政府这些年来如走马灯一样换来换去，除了小泉纯一郎首相 2001

年到 2006 年任职 5 年多之外，其他的首相任职长的一年左右，短的几个月时间。自民党一直长期执政，近年来民主党上台。我们接触到的日本各界人士都普遍反映，日本政治的发展落后于经济的发展，缺乏强有力的政治领导，政权不断更换，任职太短，由此造成长期发展规划的缺失，政策朝令夕改，这成为影响日本发展的突出问题。

四是人口老龄化和少子化现象，成为制约经济发展的重要因素。人口数量不断减少和老龄化加剧，成为日本所面临的最为严峻的问题。一方面，日本的生育率呈下降趋势，许多青年结婚都到 30 岁之后，平均每个妇女仅生育 1.37 个孩子；另一方面，日本又是世界上最长寿的国家，这就使得老龄化趋势加剧。目前 65 岁以上的老人占总人口的比例达到 24%，差不多每 4 个人中就有 1 位老人。在日本访问，可以看到一个常见的现象，出租车司机大部分是老年人，公路收费站的收费员是老年人，宾馆服务员也大多是老年人。老龄化必然使日本经济发展后继乏力。

五是日本经济依赖"中国特需"，但又与中国处在复杂的关系之中。现在，中国成为日本的第一大贸易国，与中国的贸易占日本贸易总量的近 20%，日本是中国的第四大贸易国，对日本贸易占中国贸易总量的 10%，中国还是日本最大的贸易顺差国。对于出口导向的日本经济来说，越来越依赖于中国，中国的经济快速增长和进口扩大，被日本称为"中国特需"。但是另一方面，日本在军事战略上又依赖美国，构筑起日美同盟。由于历史的和现实的各种原因，中日两国关系错综复杂，两国国民感情不和，媒体在其中扮演着重要角色。这些都在影响和制约着中日关系的发展。

三、日本经济发展对中国的镜鉴和启示

我们这次在日本考察调研中，通过中日发展的对比，更加深了对我国发展的认识，提出以下几点思考：

第一，清醒地认识中国发展的定位和差距。经过改革开放30多年来的发展，中国的国际地位和影响力空前提升。中国的发展引起全世界的惊叹，也令我们感到自豪。现在中国人到国外去越来越多，到处都可以看到中国人，到处都可以看到中国制造的商品。中国人的消费能力也引起世界各国的重视，许多国家和地区都在想方设法吸引中国游客。特别是中国经济总量超过日本居世界第二位，中国成为世界第一出口大国，中国拥有的外汇储备世界第一，等等，世界对中国的看法正在改变，中国人也在改变对自身的看法。国外有不少媒体报道，中国在许多方面已经具备了发达国家的特征，应该承担更多的责任和义务。在有人宣扬"捧杀论"同时，也有人在鼓吹"崩溃论"，认为中国经济即将崩溃。作为中国人，应该冷静清醒地看待自己，看待自身的发展定位和差距。总体上看，中国仍然并将长期是一个发展中国家，国家大、

人口多、底子薄、发展很不平衡的基本国情没有改变，我们与发达国家相比还有几代人的差距，我们的目标是到 2020 年全面建成小康社会，到 21 世纪中叶基本实现现代化。要赶上发达国家的水平，还有很长的路要走，目前还处在艰难的爬坡过坎阶段。我国人均收入刚刚进入中等收入国家的较低水平，要迈过"中等收入陷阱"进入高收入国家行列，还必须付出长期不懈的艰辛努力。

第二，抓住机遇加快发展自己。"知耻而后勇。"看到与日本发展的巨大差距，我们更应该自省自警自励，奋起直追，埋头苦干，紧紧抓住中国发展难得的重要战略机遇期，加快发展自己。虚心地学习借鉴别人的长处和经验，创造性地为我所用，走中国特色的发展道路。要在国际竞争中立于不败之地，必须痛下决心提升中国产品的科技含量和品牌质量，加快中国制造由低中端不断向中高端攀升。中国必须在世界高端制造中占有重要位置，成为世界制造强国。这里要特别提到日本的企业家精神，骨子里追求自己制造产品的完美品质，为达到在同行和客户眼里的称誉，而不惜把 99.99% 的精力用在 0.01% 的产品提升上，真正做到精益求精。日本公司老板一般不会整天待在办公室里，而是经常身穿工作服在生产第一线解决问题。中国企业家和中国制造还缺乏这种精神，而又特别需要具有这种精神。同时，我们要加快建设现代化的基础设施体系，特别是综合性的公共立体交通体系。由于人多地少的基本国情，中国不可能也不允许大量发展私人汽车，否则将出现一场"汽车灾难"，一些国家的前车之鉴值得我们高度警惕。

第三，高度重视日本泡沫经济破裂的深刻教训。中国在现代化过程中，保持经济长期平稳较快发展至关重要，而最大的危险在于泡沫经济。导致日本泡沫经济破裂有几个关键因素：一是日元短期内急剧大幅升值，造成国家财富迅速膨胀和放大；二是过度宽松的货币政策，造成金融泡沫扩张；三是房价急剧大幅上涨，造成严重的房地产泡沫。结合这次国际金融危机的教训，更使我们深刻认识到，对国家宏观调控来说，管理好通货膨胀十分重要，而管理好资产泡沫更具有决定性的意义。中央提出，要牢牢把握发展实体经济这一坚实基础。我们要积极稳妥地推进人民币汇率形成机制改革，按照主动性、渐进性、可控性的原则，逐步增加人民币汇率弹性，保持人民币汇率在合理均衡基础上的基本稳定，防止人民币短期内大幅升值引起热钱过度炒作。实施稳健的货币政策，切实加强金融审慎监管，始终注意防范和化解金融风险。进一步加强房地产市场调控，坚持住房"民生＋消费"的基本属性和发展定位，限制住房的资本属性和投资需求，防止和消除房地产市场泡沫，促进房地产市场健康发展。

第四，更加重视生态环保和社会发展。中国已经成为世界上二氧化碳排放量最多的国家，能源资源消耗多，环境污染严重，节能减排面临着严峻的形势。我们要学习日本的经验，高度重视节能环保，建设资源节约型和环境友好型社会。中国应该成为一个十分注重节约而不再是一个浪费的国家，使节约成为深入人心的观念和国民的自觉行动。对比日本的节约，深感中国的浪费令人痛心。尤其是中国人的大吃大喝的浪费，讲排场比阔气的浪费，贪大求洋不计成本的浪费，需要痛下决心加以治理。中国要在植树造林和绿化方面下一番大功夫，要把全国城乡凡是能种树的地方都种上树，不再有荒山秃岭和裸露的地方，要像日本一样建设一个"绿色的国家"，这要成为各地官员政绩考核的重要标准。我们要建设和谐社会，首先要有良好的社会秩序，要把社会安全放在突出位置，增加人们的安全感与和谐度。收入分配已成为关系中国社会稳定和长治久安的大问题。借鉴日本的经验，必须下决心解决中国收入差距急剧扩大的问题，特别是部分社会成员不当过高收入的问题，加强国家对收入分配的宏观调控，真正建立起促进社会收入分配公平的机制。

第五，全面提高我国的国民素质。随着中国对外开放不断扩大，入境游和出境游快速发展，中国国民的素质越来越引起国内外的广泛关注，其不文明的行为也为许多人所诟病。全面提高我国的国民素质，已经成为我国道德建设和精神文明建设的重大任务。我们要从最基础的方面抓起，首先是诚信，其次是守规矩。诚信是道德的基础，守规矩是法治的基础。一个人没有诚信，一切道德无从谈起。一个人不守规矩，法律也就成了一纸空文。人们感叹中国在市场经济发展过程中道德滑坡，坑蒙拐骗、制售假冒伪劣等严重污染和败坏了社会风气。要在加强法治建设、依法严厉打击各种违法行为的同时，进一步加强道德建设。建议制定《国民道德建设基本纲要》，重新进行一些最基本的道德普及性工作，比如如何走路开车，如何礼貌地与人相处交往，如何讲实话不讲假话，如何工作学习等等。中国的许多交通事故都与不守规则有关，要从遵守交通规则抓起，培养中国人的规则意识。要下大力量抓中国的国民素质教育，加快与国际接轨步伐，提高中华民族的文明水平。

第六，中日经济合作具有巨大的空间。中国与日本经济处在不同的发展阶段，具有很大的互补性。日本拥有先进的技术、管理和人才优势，中国拥有广阔的发展前景、丰富的劳动力资源和不断发展的国内市场，这些都提供了中日经济合作的巨大空间。节能减排、生态环保、技术创新这些方面，都是重要的合作领域。应该将中国的市场优势与日本先进的节能环保技术和管理更好地结合起来，推动两国的经济合作不断拓展。日本近年来出现了新的产业转移趋势，一个基本的考虑是产品设计研发必须靠近市场需求，这样才能更好地设计出满足市场需要的产品。因此，日本企业的研发中心出现了向中国等国家转移的趋势。我们应该抓住这一国外产业转移的新机遇，加快提升中国经济发展的整体水平。

美国考察报告：
全面实施国家智能化发展战略

  2016 年 9 月，国务院研究室组团到美国进行为期三周的考察培训，主要围绕新科技革命、产业变革和创新发展的主题，到美国商务部、能源部、财政部、美联储等政府部门，布鲁金斯学会、彼得森国际经济研究所、战略和国际研究中心等著名智库，斯坦福大学、华盛顿大学等知名学府，IBM、英特尔、波音、苹果、谷歌、微软、Facebook、甲骨文等高科技公司，以及当地创新工坊等，进行访问和座谈交流，比较多地了解了美国科技和产业创新发展的基本情况，看到了他们的科技创新成果和实践做法，引起了我们很多思考。

  我印象比较深的是，在美国硅谷访问时，正值中国农历中秋，仰望天上一轮明月，思念远在地球另一边的祖国家人亲朋，每个人都发出了"外国的月亮是否比中国圆"的感叹！回想到美国访问的经历，这是我第三次访问美国，伴随着中国经济快速崛起和蓬勃发展，对美国的心态也逐渐从最初的好奇新颖、惊叹羡慕，到慢慢地熟悉了解、比较彼此，再到更多地取精去糟、扬长避短，整个心路历程与我国的发展过程密切相关，尤其是通过中美两国的发展比较，从中可以看到一个巨大的"时代之变"正在我们眼前展现。

我国改革开放以后，出国考察访问交流不断增加，美国作为全世界最发达的国家无疑是出国的第一选择，人们都以迫切而激动的心情，希望到美国看一看这一最发达国家究竟什么样，到底比中国发达在哪些地方，中国落后有多少；同时抱着虚心求教的心态和精神，要吸收借鉴美国发展的一切有益知识和经验，一批又一批的"取经者"络绎不绝。很有意思的是，平时国内不在一个地方的同学朋友，竟然会在美国当地中餐馆吃饭时碰到一起。美国，这一伟大的国度，无疑是令人惊叹的！从1776年独立建国起，在不到二百年的时间里，发展成为世界第一强国，创造出举世仰望的人间奇迹，的确有许多极其宝贵的经验值得我们认真学习。今天，经过几代人艰苦卓绝的不懈奋斗，我国已成为世界第二大经济体，在工业制造、高铁等交通基础设施、进出口贸易、5G通信、新能源和电动汽车等许多方面成了世界第一，中国与美国的差距在不断缩小。与此同时，我们在人均GDP、教育、科技等方面，还与美国存在着明显的差距。当然，随着中美关系大格局的变化，特别是近年来美国对中国的遏制、围堵和打压，我们对美国有了新的更加全面深刻的认识。人贵有自知之明，知己知彼才能立于不败之地。我们需要深刻认识美国的发展成就、其优势与劣势，深刻认识我们自己的发展进步、长处和短处，深刻认识中国与美国相比存在的差距、不足和问题，这样才能不断超越自我、不断创造新的更大奇迹。

面对新一轮科技和工业革命，历史发展又一次给我们提供了难得机遇。我们必须紧紧抓住并充分用好这一重要战略机遇期，适应网络化、信息化、数字化、智能化这一新趋势，加快推进新型工业化、新型城市化、科技现代化、农业现代化，全面建设社会主义现代化国家，实现中华民族伟大复兴。

正是基于这样的感受和认识，通过对美国的考察和调研，形成了这份报告。报告适应国家创新发展的新趋势和新战略，提出了一些新的思考和建议，一些建议已经体现在国家有关政策之中。报告保持了当时原貌，未作新的修改。

全球新一轮科技和工业革命正在蓬勃兴起，其突出标志就是信息化和智能化。在信息化快速发展的基础上，智能化正在成为未来发展的大趋势，这将对经济社会各方面产生革命性的影响。我们要紧紧抓住这一历史性机遇，像制定实施国家信息化发展战略一样，加快制定实施国家智能化发展战略，引领和带动整个国家实现跨越式发展。

一、全球智能化发展方兴未艾

电子计算机的出现，开启了一个人类信息化时代。随着计算机的运算速度和存储容量的突飞猛进，其功能和应用迅速扩展到经济社会的各个方面。互联网的发展，特别是无线宽带和移动互联网的迅猛扩展，正在创造一个"互联网＋"的世界。新一代信息技术如 4G 通信（未来 5G 通信、量子通信）、互联网、物联网、大数据、云计算、云服务等快速兴起，"万物互联互通"成为现实，掀起了一场波澜壮阔的信息化时代大潮。

在信息化汹涌澎湃的发展过程中，智能化应运而生并呈现蓬勃发展之势。智能机器人、3D 打印、无人驾驶、智能手机、智能穿戴、智能家居、虚拟现实、增强现实等智能产品层出不穷。移动手机成为一个高度集成的智能终端，已经并将不断具备越来越强大的功能，包括打电话、看电视、发微信、看新闻、玩游戏、拍照片、录视频、听音乐、看电影、炒股票、存贷款、网上购物、移动支付、建立个人图书馆和数据库、阅览电子图书、全球实时地图，等等，手机可以做越来越多的事情，人们在生活中最离不了和高度依赖的就是手机了，通过手机建立起越来越广泛的信息网络、经济网络和社会网络，发展出"手机经济"和"手机社会"。人工智能发展的突出标志，就是谷歌公司生产的 Alpha Go，它汇聚了有史以来著名围棋棋谱的海量数据，具备了认知和判断能力，继战胜围棋世界冠军李世石之后，又成功战胜世界围棋排名第一的柯洁，这成为人工智能发展史上的重要里程碑。智能化的发展已经扩展到经济社会的各个方面，包括智能制造、智能工厂、智能交通、智能电网、智慧城市、智能家庭等等，"电脑"具有越来越多的"人脑"功能，承担起许许多多以前由人从事的重复性、复杂性工作，形成高度自动化、智能化的生产生活方式和经济社会模式，这已经并将不断带来经济社会的革命性变迁，产生极其广泛而深远的影响。

世界主要国家都在抓紧新一轮科技和工业革命的机遇，应对智能化发展的挑战，制定实施国家发展战略，布局科技和产业发展重点，抢占未来经济发展的制高点，形成了新的竞争态势。

美国实施"再工业化"战略，制定了"美国制造业复兴计划"，核心内容是依托美国工业技术优势，加快推进人工智能、数字制造、3D 打印、工业机器人等先进制造技术的突破和应用，推动全球工业生产体系向有利于美国的个性化制造、自动化制造、智能化制造方向转变，重塑美国制造业的竞争优势。美国政府大幅增加对先进制造技术的研发支持，建立了一批国家技术创新研发中心，如实施"国家机器人计划"，组建由国防部牵头的数字制造与设计创新研究院、能源部牵头的智能制造创新研究院等，并行开展数字制造与智能制造两大领域创新研究。去年我们在考察美国"创新发展与新产业革命"时，布鲁金斯学会技术创新研究中心主任威斯特先生专门介绍说，美国现在非常重视三个领域：人工智能、机器人和大数据。美国高校、科研机构和企业发起成立了智能制造领导联盟，发布了《实施 21 世纪智能制造》报告，明确推进智能制造发展的目标和路径，提出为中小企业打造智能制造系统平台，到 2020 年将智能软件和系统成本降低 80%—90%。通用电气公司（GE）与 AT&T、思科（Cisco）、IBM 和英特尔（Intel）发起成立了"工业互联网联盟"，并推出 Predix 操作系统，建立起涵盖装备制造企业、用户企业和 IT 企业的工商共同体。国际商用机器公司 (IBM) 继研发国际象棋超级电脑"深蓝"后，开发了人工智能计算机系统"沃森"(Watson)，现在重点研究认知计算（Cognitive Computing）、深度学习、数据分析，并把这些成果广泛应用在智能交通、智慧能源、智慧城市管理中。苹果、微软、Facebook 等公司在语音识别、图像识别、虚拟和增强现实（VR/AR）等领域开始发力。谷歌则致力于研究人工智能（Alpha Go）、无人驾驶、图像搜索等技术，公司负责人说"人工智能将把谷歌从手机终端公司变成人工智能公司"。美国人认为，中国利用廉价劳动力和低成本制造优势，迅速崛起为世界第一制造大国，然而在新一轮智能制造发展中，中国的制造优势将被美国取代。美国竞争力委员会发布的《2016 全球制造业竞争力指数》报告提出，中国制造业竞争优势在未来 5 年到 2020 年将被美国彻底超越。

德国"工业 4.0"计划是其发展智能制造的总体战略。从建设"智能工厂"着手，深入开发运用工业机器人、射频识别传感技术、3D 打印、虚拟现实和人工智能等，推动生产系统智能化。进而在"智能工厂"的基础上，借助大数据、物联网和云服务，将智能产品、智能物流、智能交通、智能建筑、智能电网等相互连接，引领国民经济体系的智能化发展。德国"工业 4.0"的核心标志有两个，就是"信息化"和"智能化"。借助于自动化、数字化等成果，从供给一端到需求一端，各个链条和环节纵横方向都实现互通互联，虚拟世界和物理世界高度融通，进而推动智能制造、智能物流、智能管理和智能服务，实现智能化目标。可以说，"工业 4.0"是德国政府为保持制造业世界领先地位而制定的国家战略，正在重塑德国工业制造体系，将带来一场智能化的工业革命。德国政府制定了《高科技战略 2020》，规划布局了"工业 4.0 十大未来项目"，加大了资金投入力度，提出了一系列促进制造业发展的创新政策。"工业 4.0"倡导者瓦尔斯特说："工业 4.0 是德国政府推行的'新一代智能工厂'计划，正在带来一场以智能化为核心的第四次工业革命，确保德国在工业制造领域的世界领先地位。"他所创立的德国人工智能研究中心，研究方向覆盖人工智能的主要领域，包括机器人、人机交互、语音识别、图像理解、数据分析、知识管理等方面。

日本始终把发展高端制造业作为立国之本，充分利用其强大的工业制造能力和技术领先优势，牢牢占据世界制造业的高位。日本力图通过实施工业智能化战略，让日本重回国家竞争力全球第一的宝座。近期，日本政府制定"日本再兴战略"，利用人工智能、大数据、机器人等技术，推进第四次工业革命，并把政策和投资重点放在实现移动革命、供应链升级换代等五大领域。日本把人工智能作为实现新的技术和工业革命的突破口，在工业制造业高度自动化的基础上，推进工业智能化。2015 年 1 月日本制定了"新机器人战略"，包括发展智能机器人、智能汽车、智能家电、智能住宅等一切智能化产品，并成立了官产学一体化的"机器人革命倡议协会"，推动全国的人工智能技术开发与工商业模式创新。日本作为世界机器人王国，工业机器人一直保持领先地位。在全球 10 大工业机器人品牌中，有 5 家属于日本，包括发那科、爱普生、欧姆龙、川崎、安川。日本人对于人形机器人有着近乎狂热的追求，致力于发展各种人形工业和服务机器人。日本企业加快建设智慧工厂的生产线，实施智慧化管理。这起源于丰田的精益管理，现在已被企业管理广泛采用。以本田为例，通过采用机器人、无人搬运机、无人工厂等先进技术和产品，加之采用新技术减少喷漆次数、减少热处理工序等措施把生产线缩短了 40%，并通过改变车身结构设计把焊接生产线由 18 道工序减少为 9 道，建成了全世界最短的高端车型生产线。日本产业界开始构建基于物联网的智能制造与服务体系，人工智能、物联网、大数据、云服务成为重点方向。大学和企业组织成立"工业价值链倡议"，主要从技术角度推动智能制造发展。日本经济产业省还把 3D 打印列为优先政策扶持对象，实施名为"以 3D 造型技术为核心的产品制造革命"的大规模研发项目，重点开发世界最高水平的金属粉末造型用 3D 打印机，众多大企业参与了制定技术标准。

世界其他发达国家也都在布局跟进，发展中国家也在选择适合自己的方向和突破口。总体上来说，中国在世界智能化大潮中，面临着前有堵截、后有追兵的发展态势，不进则退，不能有丝毫犹豫和迟滞，必须抓住机遇，迅速行动，加快制定实施国家智能化发展战略，敢与强国竞争，善与强手过招，力争走在世界前列。

二、我国推进智能化发展的优势条件

近些年来，我国积极实施创新驱动发展战略，落实《中国制造2025》，实行"互联网+"行动计划，推动"大众创业、万众创新"，科技创新成果大量涌现，工业制造业特别是高端制造能力全面提升，具备了加快智能化发展的优势条件。

我国信息化建设发展取得突出成就。已经建成全世界最大规模的 4G 网络，正在研究布局 5G 通信，移动互联网用户超过 9.4亿户。互联网的迅速普及，带动了"互联网+"产业的蓬勃发展。

中国已经成为全世界最大规模的电子商务、移动支付市场。外国青年到中国感到最方便好用、最称为"新四大发明"的东西，就是高铁、网购、移动支付、共享单车，这些都走在了全世界的前列。智能手机使得人们足不出户，就可以解决很多生活问题，促进了网络商店、网上贸易、移动服务、无现金社会、自主出行等不断发展。"互联网＋"新产业、新业态、新模式的快速成长，创造出了新的生产方式、商业模式、金融规则和生活方式。

我国在一些信息科技前沿领域崭露头角。尤其是在超级计算机方面，保持了世界领先地位。2016年全球超级计算机500强排行榜显示，中国超级计算机上榜总数达到167台，超过美国的165台，位居世界第一。"神威·太湖之光"在榜单中排名第一，其运算速度为此前一直处于榜首的中国超级计算机"天河二号"两倍以上，大约是目前排名第三的美国超级计算机的五倍。中国的量子通信研究也走在世界前列，全球首颗量子通信卫星发射升空入轨运行。我国的研发投入占世界第二位，专利申请量已位居世界第一。

我国具备工业制造的强大综合性优势。作为世界第一制造大国，制造业产值占到全世界的20%以上，其中装备制造业产值所占比重超过1/3。加上基础设施完善，交通物流发达，产业体系完备，生产配套能力健全，这些奠定了中国制造的坚实基础。高速铁路成为中国制造的一张亮丽名片，目前高铁运营里程已超过2.2

万公里，占到全世界的 60% 以上。大飞机、航空母舰都成为中国制造能力的突出标志。

我国在智能制造方面可以说异军突起。新一代通信设备、机器人、3D 打印、智能电视、智能手机等产业发展势头迅猛。中国已成为全世界最大的机器人市场，工业机器人市场份额占到全世界 1/4 以上。去年智能电视产量达到 9310 万台，智能手机产量超过 15.4 亿台，中国成为全球最大的智能手机生产国和消费国。

我国在创新发展中涌现出一大批创新型企业和人才。华为、中兴、阿里巴巴、腾讯、百度、小米、海尔、大疆、新松等，就是其中的杰出代表。中国拥有全世界最大规模的人力人才资源，有 1.7 亿多受过高等教育的专业技术人才，在"双创"推动下全社会创业创新创富热情高涨，激发出巨大的创新活力和动力。世界知识产权组织发布的 2017 年全球创新指数排名中，中国首次跻身世界前 22 位最具创新力的经济体行列。瑞士洛桑国际管理发展研究院近期公布的世界竞争力排名显示，中国上升到第 18 位，比上次跃升了 7 位，是全球主要新兴市场中最具竞争力的经济体。

我们在美国考察时，与一些知名智库交流，到硅谷一些高科技公司访问，他们都对中国科技和制造业发展取得的成就刮目相看。布鲁金斯学会技术创新研究中心主任威斯特先生说，他对中国创新发展的成就深感震撼，在一些领域中国公司已经超过了美国同行，他特别举出阿里巴巴电子商务和华为智能手机的例子。

苹果、谷歌、Facebook 等公司负责人都说，中国同行在一些方面走在了前面，他们现在已开始学习中国的一些先进技术。这些都说明，中国在智能化发展方面，已具备了许多优势和条件，能够在一些领域与国外强手一争高下。

同时也要清醒地看到，我国经济发展呈现出发展中大国经济的典型特征，这就是地区、城乡、行业和产业之间发展很不平衡，呈现出多层次、复合型特征，既有快速发展的高端装备制造和新兴产业，也有量大面广的传统经济，总体上还处在国际产业链的中低端水平，"缺脑少心"的状况没有根本改变。这就更加需要我们加快实施国家智能化发展战略，培育壮大新动能，改造提升传统动能，推动新旧发展动能接续转换和经济转型升级。

三、全面实施国家智能化发展战略的政策建议

我国为推动国家信息化建设发展，早在 1993 年就设立国家经济信息化联席会议并下设办公室，1996 年成立国务院信息化工作领导小组，2001 年中共中央、国务院决定重新组建国家信息化领导小组，并设立国家信息化专家咨询委员会。先后制定实施了几个国家信息化发展战略，去年 7 月又发布《国家信息化发展战略纲要》，提出要以信息化驱动现代化，建设网络强国，增强国家信息化发展能力。

智能化与信息化既有联系又有区别，它以信息化为基础，以人工智能为核心，具有类人的记忆、识别、判断、选择等思维和行动能力，可以替代并超越人脑的一些功能，用以从事人类各种各样的复杂脑力劳动。这也是智能化与自动化的一个重要区别，自动化主要是代替人手的劳动，智能化主要是代替人脑的劳动。有人把工业革命以来科技和产业变革分为四个阶段，这就是：机械化、电气化、自动化和智能化。世界经济论坛主席施瓦布提出第四次工业革命，就是指进入新世纪以来，在数字革命的基础上出现的与互联网和智能化相结合的经济模式。如果说以前的三次工业革命只是对人手和体力的不断替代，是一次又一次量变中间小的质变过程；那么这一次智能化革命则开启了对人脑和智力的替代进程，是一次大的革命性的质变，其巨大而深远的影响现在还言之过早。但毫无疑问的是，智能化已经成为新一轮科技和工业革命的突出标志，代表了未来科技、产业、经济和社会发展的大趋势。谁能赢得智能化，谁就能赢得产业变革的未来，走在世界经济和社会发展的前列。

中国在世界信息化大潮中没有落后，在智能化发展大趋势中也必定能够抢占先机。我们要像高度重视和推动国家信息化一样，高度重视和推动国家智能化，制定实施国家智能化发展战略，做出全面规划布局，选准突破重点，确保我国在世界智能化发展中占有领先地位。

关于调查研究和文稿起草问题

第一，制定智能化发展重大科技规划，组织实施重点研发行动。智能化涉及许多重大科技前沿领域，必须充分发挥我们集中力量办大事的制度优势，举全国之力，集中优势兵力协作攻关，在一些方面取得突破性进展，占领某些科技制高点。人工智能是智能化发展的核心所在，许多创新企业家和专家学者都提出要制定实施人工智能国家战略。我们现在拿出"两弹一星"的精神，搞载人航天和登月工程，搞航空母舰和大飞机；也要用"两弹一星"的精神，来搞智能化战略特别是人工智能。要组织建设人工智能研究国家队，重点建设若干个人工智能国家创新中心，包括类脑研究、深度学习、语音和图像识别、虚拟和增强现实、智能机器人、3D打印、无人驾驶、区块链等方面，重点攻关共性关键技术。政府推动产学研结合，组建科研机构和行业、企业联合研究项目，推动基础研究和应用研究相互促进，为智能产业发展打下坚实的基础。

第二，加快发展智能制造，推动智能化产业发展。尽快研究制定《国家智能制造发展中长期规划》，建立国家智能制造创新中心，组建中国智能制造联盟，协同推进智能制造系统平台建设，为企业发展智能制造提供低成本、安全可靠的软硬件和系统解决方案。特别要重点实施工业机器人计划，集中力量在工业机器人领域取得突破性进展。推动建设"智能工厂"，打造一批试点示范企业，引领我国工业智能化发展。以智能制造为基础，进一步发展智能服务，推动智慧农业，建设智慧产业、智慧经济，在经济信息化的基础上实现经济智能化。

第三，推进智能化管理，建设智能化社会。智能化将广泛渗透到经济社会的各个方面，影响到人们的生活方式和社会管理模式。人们已经越来越多地感受到智能化的方便，共享单车就是一个典型案例。最简单的如自动取款机、自动售货机、自动购票机、自动电梯、自动停车场等，已经取代了人的劳动并提供了更便捷的服务。现在，智能交通、智能物流、智能电网、智能旅游、智能医疗、智能教育等都在快速发展之中，各地方也都开始建设智慧社区、智慧城市、智慧乡村。我们要加快推动智能化管理的应用和发展，建设现代化的智能社会。

第四，加强智能化基础设施建设，加快培养智能化人才。一方面，加强智能化硬件建设。特别是信息化、网络化基础设施，加快实施"宽带中国"战略，建设中国"信息高铁"，推动我国互联网、物联网、大数据、云计算、云服务发展，建设覆盖全社会的超大规模智能终端和公共信息服务平台。另一方面，加强智能化软件建设。全世界智能化发展的竞争，说到底是高端人才的竞争。美国硅谷吸引了全世界的一流人才，使其成为全球科技创新的高地。我们在硅谷看到，许多清华、北大以及其他名牌大学毕业生都在这里工作，据说中国人在硅谷人才中占到1/10左右。我们要想方设法吸引中国人才回流，并吸引国外人才到中国来创新发展。我们要在应对智能化带来的产业变革的同时，也要应对好智能化所带来的就业变革，适应就业结构转换对学校教育和劳动者职业技能的要求，大学教育要尽快适应智能化发展趋势，建设世界一流的智能化学科专业，加快培养一流的智能化科技和工程创新人才。

巴西、阿根廷、智利三国考察报告：
跨越"中等收入陷阱"的镜鉴与思考

南美洲阿根廷、巴西、智利三个国家被称为南美 ABC 三国，是全世界距离中国最遥远的国家，我们一般去往南极要先到达智利或阿根廷。这三个国家也是南美洲最有代表性的国家，曾长期处于比较发达的高于中国的发展水平，又经历了比较曲折的起伏不定的发展道路，成为"中等收入陷阱"国家的典型代表，至今还没有能够稳定地成为发达国家。

2018 年 9 月，国务院研究室组团到这三个国家进行考察调研，主要围绕经济转型升级和跨越"中等收入陷阱"问题，分别前往巴西首都巴西利亚、圣保罗、里约热内卢、阿根廷首都布宜诺斯艾利斯、智利首都圣地亚哥，到政府相关部门、智库型研究机构、中国驻外机构与企业、贸易团体和行业协会等，进行访问和座谈交流。行前，我们对调研行程做了充分准备，并预先了解了三个国家的有关情况，特别邀请外交部拉美司一位在当地使领馆工作过的同志一起参加考察调研。尤其值得一提的是，阿根廷驻华大使迭戈·盖铁戈先生得知我们组团到阿根廷去访问，他热情邀请我们到大使馆去座谈交流，大使先生原是一位教授和专栏作家，曾出版《蒙纳丽莎的失窃：一部阿根廷历史》等多部著作，担任过驻美国、欧盟和巴西大使，我们见到的是一位儒雅、博学和睿智的学者，他高兴地向我们介绍阿根廷的有关情况、中阿贸易以及各方面交流合作的现状和前景，谈到他来中国之后的见闻和感触，他说中国的变化是惊人的，他对中国的认识颠覆了他原有的观念，还说他接待了不少来到中国的阿根廷人，他们说起对中国的看法都是颠覆性的，其发展进步完全不是原来想象的样子。他几次说到"颠覆性"这一词，给我们留下了深刻的印象。与大使的座谈交流，也成了我们到南美三国考察调研的有趣并有益的"开场戏"。

南美三国地处南半球，季节刚好与我们相反，我们处在秋季，那里正是春暖花开的季节，风景独特，民族风情浓郁，拉丁裔热情奔放，服饰随性，到处都可以看到墙上的涂鸦漫画，这里异国他乡容易让人想起桑巴舞、狂欢节和南美足球的场景。

通过两周时间的考察调研，我们对南美三国的发展有了新的了解，特别是对三国发展走过的道路、拥有的潜力和优势、面临的挑战和问题等，有了更加深刻的认识，这也反过来促使我们对中国如何跨越"中等收入陷阱"有了新的比较和思考，最终形成了这份调研报告。

2018 年 9 月，我们组团到巴西、阿根廷、智利三国进行调研，主要了解和研究这些国家在经济转型升级和跨越中等收入陷阱过程中的经验教训，与政府有关部门、智库、中国驻外机构与企业等进行座谈交流。总的感受是，这三个国家在拉美国家中具有代表性，经济社会发展水平位居前列，与中国处于大体相似的发展阶段，但发展势头不如中国，长期徘徊在中等收入国家与高收入国家之间，过早去工业化和过度城镇化带来了许多矛盾和问题，发展与稳定都受到很大制约。三国在现代化过程中经历的曲折、面临的挑战和实施的政策，对于正处在从中上收入国家向高收入国家跨越关键阶段的中国来说，提供了一个值得参照的样本，可以获得许多有益的借鉴和启示。

一、从"经济奇迹"到"发展瓶颈"

我们抱着很大的兴趣前往这三个国家，原因在于这三个国家与中国相距遥远，发展水平较高又充满矛盾，具有特殊的地理、历史、文化和民族风情。阿根廷、巴西、智利被称为南美 ABC 三国，三国面积占南美洲 68%，人口占 62%，经济总量占 75%。特别是巴西作为世界大国，面积、人口和经济总量占到南美洲的一半左右。三国在南美乃至拉美地区都有着举足轻重的地位和影响力。

这三个国家拥有得天独厚的自然禀赋，气候温和，资源丰富。巴西格外得到大自然的厚爱，巴西人常说："上帝是巴西人。"全世界最大的平原亚马逊平原占到全国面积的三分之一，优质的铁矿石产量占到全球的 20%，石油储量大，牛肉、大豆、咖啡、蔗糖等出口量稳居世界前列。阿根廷被称为"白银之国"，银、铜、铁、铀、铍、石油等资源丰富，潘帕斯草原占到全国面积四分之一，肉类、大豆、玉米、小麦出口量大，被誉为"世界的粮仓和肉库"。智利被称为"铜矿之国"，铜矿储量和产量均为世界第一，林木、渔业资源丰富。有人说："南美人得到上帝的厚爱，不干活也饿不死、冻不着。"意大利航海家亚美利哥·韦斯普奇发现巴西时说过一句话："如果地球上真的有天堂，那么这个天堂离这里不会很远。"

这三个国家作为西班牙、葡萄牙的殖民地，十九世纪初独立以后，经济社会获得了快速发展。到十九世纪末，阿根廷已跻身世界十大富国之列，大量出口牛肉和粮食，人均收入与欧洲国家不相上下，首都布宜诺斯艾利斯被称为"南美的巴黎"，在欧洲的许多城市人们形容某人腰缠万贯时，常说"他像阿根廷人一样富有"。与经历两次世界大战的欧洲相比，南美更显得和平稳定。这三个国家是世界上较早启动现代化的发展中国家。巴西在经济发展中曾经创造了"巴西奇迹"。1948 年到 1979 年间，巴西国内生产总值平均增长率达 7.2%，其中在 1968 年至 1973 年间，更是取得 10% 以上的高速增长。阿根廷在 1950 年时，富裕程度仍然领先于日本，与意大利、奥地利和德国不相上下。阿根廷人自夸是"一个没有穷人的国家"，曾被视为新兴工业化国家的代表，国际货币基金组织将其树立为"现代化样板"。

总体上看，这三个国家与世界上发展中国家相比，经济社会发展都达到了较高水平，接近于发达国家。巴西的圣保罗、里约热内卢都是世界名城，让人看到了大城市的气派和风光，首都巴西利亚以前瞻规划闻名于世。阿根廷首都布宜诺斯艾利斯保留了欧洲的古典风格，宽阔的七九大道、富丽堂皇的建筑显示了曾经的辉煌。这三个国家城市化率都很高，巴西达到 86%，智利达到 84%，阿根廷高达 93%。巴西工业基础雄厚，建立起比较完整的工业体系，农业和服务业比较发达，其支线飞机占到世界市场的 75%。阿根廷也有较好的工业基础，综合实力较强，核能发达，科技先进，曾经产生过 5 位诺贝尔奖科学家。尤其是这三个国家社会发展惠及绝大多数群众，建立起包括免费教育和医疗、较好的养老、政府支持扶贫和救助等社会保障体系。

然而，他们的发展道路崎岖不平，历史上伴随着军事政变和政治动荡，经济左右摇摆、上下起伏，始终徘徊不前。巴西、阿根廷经历几次经济危机，高通货膨胀，货币大幅贬值，债务负担沉重，经济长期低迷甚至出现倒退。1980—2017 年，巴西经济增长不到 1%，1980—1994 年间，年平均通货膨胀率高达 725%，最高时达到 4000% 以上，其中有 14 年通胀率高于 100%，发行了 6 次新货币。进入 21 世纪后，巴西的改革和调整见到成效，经济出现新增长，成为新兴经济体，2011 年巴西经济规模首次超过英国，成为全球第六大经济体，人均 GDP 达到 12594 美元，排名世界第 53 位，远高于中国排名第 87 位。但受到新一轮国际金融危机影响，巴西经济又陷入衰退，人均 GDP 又大幅下降。阿根廷在 20 世纪 60 年代已经达到中等收入水平，几十年来经济在发展与危机中跌宕起伏。自 1970 年以来已经发生 9 次货币危机，1982 年和 2001 年两次爆发了全面的债务危机，每一次都对经济造成巨大破坏，在危机中通胀率甚至达到天文数字，1989 年通胀率曾高达 4924%。今年以来，阿根廷比索又出现大幅贬值，物价高涨，政府债务违约，被迫向国际货币基金组织借款 500 多亿美元。阿根廷经济在进步与退步中艰难沉浮。曾经有一部著名电影《庇隆夫人》，主题曲令人动情，名字叫《阿根廷别为我哭泣》。我们访问阿根廷一家智库拉美政治经济研究中心时，副主席海拉尔先生说："阿根廷处在前所未有的艰难时期，希望你们不要对阿根廷感到伤心和失望。"我们说："我们对阿根廷的发展充满希望，相信阿根廷的明天一定会更好。"

智利在这三个国家中相对较小，人口只有 1800 万，从 20 世纪 70 年代开始，实行市场化改革，稳定经济和货币，建立以个人账户为基础的完全积累制养老模式，经济走上稳定发展的道路，成为拉美地区率先从中等收入跨上高收入水平的国家。2010 年智利正式成为经济合作组织（OECD）成员。2017 年其人均国内生产总值超过 1.4 万美元。智利成为拉美地区经济市场化程度最高和最开放的国家。

二、为何难以跨越"中等收入陷阱"？

"中等收入陷阱"是指一个国家或地区在经济发展进入中等收入阶段以后，长期无法跨越而达到高收入水平。根据世界银行标准，人均国民收入超过 1005 美元，即进入中等偏下收入经济体，高于 3955 美元进入中等偏上收入经济体，超过 12235 美元成为高收入经济体。拉美国家长期徘徊在中等收入水平，成为陷入"中等收入陷阱"的典型代表。

阿根廷早在 1962 年人均 GDP 就达到 1145 美元，巴西 1975 年人均 GDP 达到 1144 美元，分别进入中等收入水平。阿根廷 2011 年人均 GDP 达到 12786 美元，用了 49 年时间实现了跨越，近年来仍然在边缘上下波动。巴西 2011 年人均 GDP 达到 13167 美元，近年受经济下滑和货币贬值又急剧回落，2017 年人均 GDP

又回到 9821 美元。总体来说，阿根廷处在中等收入阶段长达 49 年，巴西长达 43 年，智利用了 40 年才实现了跨越。对照亚洲成功实现跨越的国家和地区，日本和新加坡为 19 年，韩国和中国香港为 18 年，中国台湾用了 19 年。1967 年巴西人均 GDP 还是韩国的 2.2 倍，70 年代中期两国差不多同时迈入中等收入国家，到 1995 年韩国已进入高收入国家行列。中国台湾 1976 年人均 GDP 达到 1158 美元，到 1995 年上升到 13129 美元，进入高收入水平。

为什么拉美国家长期处于中等收入阶段，而难于跨越"中等收入陷阱"？这是调研中一直萦绕在我们心中的问题。总结起来，主要有以下几个方面原因：

一是政治动荡和社会不稳定。拉美国家普遍面临政治和社会稳定问题。历史上曾多次发生军事政变，造成政府更迭频繁，具有左翼、中翼、右翼倾向的军人政府和文人政府都曾登台亮相。左翼上台执政，往往代表劳工利益，实施高福利政策，但又会加大政府财政赤字，入不敷出而造成债务危机。右翼上台执政，则要紧缩财政，抵制通货膨胀，又会影响到社会福利。巴西的卢拉、阿根廷的庇隆、智利的阿连德等人，都是左翼的著名代表。民粹主义成为操控选举的工具，民众采用罢工、游行等激烈方式表达诉求。阿根廷在半个多世纪内，政府更迭多达 29 次，成为世界上罢工数量最高的国家，仅 2017 年就发生了 778 次罢工，其中 53% 伴随游行抗议。政治的动荡和非规范运作，一方面难以形成政府强大的决策力和执行力，导致行政效率低下；另一方面又与腐败相联系，进一步降低了民众对政府的信任度，恶化了投资和营商环境。瓦加斯基金会是巴西的一家著名智库，巴西前驻华大使先生也参加座谈交流，他们都对中国发展取得的成就赞叹不已，而认为巴西政治的不稳定制约了经济发展。

　　二是国家宏观政策失误和摇摆不定。世界上跨越"中等收入陷阱"的国家和地区，一般都有一个权威和高效的政府，制定国家长远发展战略和政策，以有力的举措推动落实。而不少拉美国家恰恰缺乏这一决定性的条件。政府像翻烧饼一样翻来覆去，重大决策和政策处于左右摇摆之中，面临着"国家主导还是市场主导"和如何对待"民粹主义"的深刻矛盾。面对"政府失灵"带来的种种弊端，阿根廷由国家干预主义转向彻底自由主义，接受美国推荐的经济模式，实施"新自由主义"经济政策，对外资彻底开放和贸易自由化，这又导致外资自由进出，流动资金避险撤退加大金融风险，对外大量举债以弥补国内巨大财政赤字，最终造成国家债务破产和经济危机。巴西由过去的"进口替代战略"转向"出口导向型发展模式"，结果发现新自由主义的经济政策并没有解决发展的根本性问题，反而又带来新的更大问题。面对经济危机，只好又"头痛医头，脚疼治脚"，采取反通胀、借外债、消民怨等临时性措施。最终是长期矛盾无法解决，短期问题又不断丛生，更使政府治理难上加难。巴西现在致力于推动三大改革：税制改革，解决非常复杂的税收体系和高税率问题；劳动法改革，解决束缚企业的高劳动成本和众多纠纷问题；养老金改革，解决高额的养老支出使财政不堪重负问题，但这些改革推进起来十分困难，甚至面临无解之境。

三是经济发展的波折和大起大落。一些拉美国家之所以长期陷入"中等收入陷阱"而难以自拔，一个重要原因就是经济发展出了问题，发展的停滞是陷入"中等收入陷阱"的最大危险。阿根廷从1961年到2013年这53年时间，人均实际GDP年均增长只有1.52%，其中有16年人均GDP是负增长，远远落后于世界上许多国家。由此不难理解，阿根廷为什么会从一个"南美之星"—— 令人羡慕的富裕国家，深陷经济低速发展的泥潭，现在只剩下过往的辉煌、荣耀的足球和浪漫的探戈，让人唏嘘不已。作为世界大国的巴西发展潜力难以发挥，其中一个原因就是政府没钱搞建设，基础设施落后，公路、铁路、电力、通信都比较差。据说一辆汽车运到港口的费用比从港口运到中国的费用还要贵，让人难以理解。新兴经济体"金砖国家"中，巴西这几年经济衰退，就像"金砖国家"发明人奥尼尔所说"成了一块砖头"。这与成功实现经济跨越发展的东亚经济体形成了鲜明对比。

四是过早去工业化和产业升级受阻。有人把拉美发展遇到的问题，叫作从"比较优势"陷入"资源诅咒"，是说这些国家依赖卖资源就可以过上不错的日子，结果导致不求上进。应该说，不少国家工业化开始得比较早，而且达到了比较高的发展水平。但在发展中过早去工业化，从农业转移出来的大量剩余劳动力未能进入制造业，而是直接进入非正规的低端服务业，工业制造业始终处在中低端水平，缺乏国际竞争力。巴西第二产业在经济中所占比重仅为23%，其中相当一部分为矿业；而服务业占比高达70%以上，与发达经济体接近，远高于大多数新兴经济体。现在，巴西主要依赖能源资源类产品出口，阿根廷出口的也主要是农矿产品。

五是贫富差距扩大和社会矛盾聚集。拉美一些国家长期实行高福利的社会政策，应该说社会发展取得了明显进步。但高福利政策长期难以为继，造成"福利陷阱"，导致财政赤字和债务危机。欲速则不达。大量农村无地贫困人口涌入城市，带来过度的城市化，加剧了城市的贫富两极分化。从阿根廷首都机场到市区，可以看到公路两边壮观的连片贫民窟。在巴西里约热内卢，据说有40%的人口生活在贫民窟，许多盘踞山头的成片贫民窟成为滋生犯罪的温床。我们本来想到贫民窟去看一下，但接待我们的人说里边被黑社会所控制，外来的人进去以后很危险，无奈只好取消了想法。这些国家犯罪率高，持枪盗抢案件经常发生，人们外出缺乏安全感。中国驻当地使领馆的同志告诉我们，他们也遇到过被抢钱的事，一般黑夜不敢单独外出。无怪巴西中国问题研究中心主任罗尼·林斯先生到中国最大的感受，就是中国太安全了，真让我们有一种"身在福中不知福"的感觉。

三、三国道路对中国发展的镜鉴和启示

"他山之石，可以攻玉。"通过在拉美三国的访问调研，从国际比较的视野，看到了他国发展中正反两方面的经验教训，加深了对中国发展道路的认识，有以下几点思考和建议：

第一，政治稳定和良政善治是国家发展的根本保证。我们在三国调研中，深刻地认识到稳定的重要性，政府治理能力是跨越"中等收入陷阱"的关键。同时宏观战略决策的正确与否是至关重要的，不能犯颠覆性的历史性错误。世界上经济保持长期发展和跨越"中等收入陷阱"的国家，一般都有一个稳定的政治环境。政府运作保持连续性和稳定性，建立起强有力的政府管理和高效的治理能力，能够实施国家长远规划和建设，比较好地处理政府与市场的关系，既有效保证政府的引导和市场的主导，又有效避免政府失误和市场失灵。创造亚洲奇迹的日本、韩国、新加坡等，都具有这一特征。中国在这些方面探索出了一条适合中国国情的发展道路，这就是中国特色社会主义，最大限度地发挥党的领导和集中力量办大事的制度优势，建立和完善社会主义市场经济体

制，把国家宏观调控与市场机制有机结合起来。我国改革开放 40 年所取得的辉煌成就，充分证明这条道路是非常成功的，也得到世界上绝大多数人的认可。对比拉美国家发展正反两方面的经验教训，大家在总结时都说进一步增强了"四个自信"。我们要坚定不移沿着中国特色社会主义道路走下去，加快推进国家治理体系和治理能力现代化，为全面实现跨越"中等收入陷阱"提供坚强的制度保证。

第二，中国有信心有能力在不远的将来成功跨越"中等收入陷阱"。中国 2001 年人均 GDP 达到 1053 美元，进入中下收入国家；2010 年人均 GDP 达到 4560 美元，进入中上收入国家。到 2017 年，人均 GDP 达到 8800 美元，相当于世界平均水平的 84%。中国是一个幅员辽阔、人口众多的大国，区域发展很不平衡，现在已经有北京、上海、天津、江苏、浙江 5 个省市共 2 亿人口人均 GDP 超过 1.3 万美元，跨越了"中等收入陷阱"，进入高收入水平。如果再加上地级市，那么将有更多地方进入高收入阶段，比如深圳、广州甚至成都、长沙、武汉、郑州等共有 30 多个城市都进入高收入阶段。因此，我国走出的是一条梯度跨越"中等收入陷阱"的发展道路，正在从局部跨越到大部跨越再到整体跨越。中国不会陷入"中等收入陷阱"，这是没有疑义的。按照目前的发展趋势，到 2020 年人均 GDP 将达到 1 万美元，到 2025 年之前将总体跨越"中等收入陷阱"，进入高收入国家行列。当然，即使到那时，我们也仅是刚跨过"中等收入陷阱"的门槛，甚至仍处在世界平均收入水平，实现现代化还有很长的路要走。

第三，牢牢抓住发展第一要务，打造经济增长新的发动机。"中等收入陷阱"说到底是"增长陷阱"，经济增长速度出了问题，甚至出现经济衰退和经济危机，发展自然就难于实现跨越。要发展就要解决动力问题，这正像一列火车，过去的动力是蒸汽机，后来是内燃机，现在则需要复合动力。许多落入"中等收入陷阱"的国家，恰恰是发展动力出了问题，造成经济失速、停滞甚至倒退。发展是解决一切问题的基础和关键，不发展一切都谈不上。这也是我们经过沉痛教训所获得的宝贵经验。中国经济发展正处在爬坡过坎的关键阶段，过去传统的增长动力趋于弱化，新的动力快速成长但还不足于弥补旧有动力的缺口，出现了增长动力不足的问题，突出表现为投资增速下降，生产扩张势头减缓。在这种情况下，我们必须抓住新一轮科技和工业革命的历史性机遇，加快培育壮大新动能，改造提升传统动能，推动新旧动能接续转换，更大程度释放经济发展的潜力、活力和动力。同时，要创造一个稳定的经济发展环境，注意避免拉美国家出现的严重债务和金融危机，有效防范和化解各种经济风险，尤其要管理好股市、汇市和房市，从而把中国经济发展的良好势头长期保持下去。

第四，坚定不移发展先进工业制造业，推动经济转型升级。拉美国家过早去工业化和欧美国家再工业化的前车之鉴，为我们提供了重要警戒，必须重新认识工业化和"后工业社会"等问题，打牢工业化发展的坚实基础，特别是要大力发展先进工业制造业，把国家发展建立在实体经济的牢固根基之上，这是跨越"中等收入陷阱"的可靠保证。拉美和其他国家的经验表明，一个国家在工业化过程中，农业、工业和服务业需要建立一种协调促进的关系，现代化国家一般会形成三二一的产业结构，但并不是说第三产业发展越快、所占比重越高越好，最重要的是要有强大的工业制造业作为支撑，对于一个经济规模较大的国家来说尤其如此。世界上实现现代化并仍然具有强大竞争力的国家正是这样，其中日本、德国都是制造业的杰出代表，瑞士、瑞典这样的国家也表现不俗。而一些发展中国家在工业化还没有完成之时，就过早过快进入服务业为主，工业制造业失去竞争力，甚至成为一个进口消费型的国家，这方面拉美一些国家、印度等都是典型代表。我们要坚定不移发展实体经济，推动工业化与信息化智能化融合发展，大力发展先进制造业，加快产业由中低端向中高端攀升，建设世界制造强国，以此实现经济转型升级。

第五，有效解决社会公平问题，促进社会和谐稳定。"中等收入陷阱"中的"拉美陷阱"，一个典型特征就是收入差距扩大，贫富分化严重，基尼系数超过 0.5，成为世界上最不平等的地区之一，这导致社会矛盾尖锐化，甚至引发政治极端化和社会动荡。世界上没有一个国家能够在贫民窟大量存在的情况下，发展成为高收入社会。东亚成功跨越"中等收入陷阱"的国家或地区，有一个共同的特征，就是都经历了农村土地革命，瓦解了旧的封建土地关系，使得农民人人拥有土地，从而避免了大量无地农民涌入城市出现成片贫民窟，更重要的是由此建立起一个相对公平的社会。巴西、印度等国家，则是相反情况。由此可以看出，中国的土地革命和家庭承包制改革在现代化中所起的作用，怎样评价都不过分。随着经济快速发展，中国已成为亿万富翁增加最快最多的国家，特别是与热炒房地产相关形成巨大的财富黑洞，加上一些不合理的过高收入，已经引起人们对收入分配不公的高度关注。一方面，我们要在加大力度保障和改善民生，加快完善社会保障体系的同时，坚决防止民粹主义的倾向，避免世界其他国家出现的"高福利陷阱"，尽力而为而又量力而行地解决民生问题；另一方面，在跨越"中等收入陷阱"过程中，下决心解决收入差距扩大的问题，加强国家对收入分配的宏观调控，借鉴国外成熟的做法和经验，建立起包括房地产税、遗产税等有效调节收入分配的税收体制，促进社会公平正义，实现国家的长治久安。

深圳调研报告：
打造"世界创新之都"的深圳实践

2018 年 5 月，我们到广东深圳调研，主要围绕促进新旧动能转换、打造经济发展新动能的主题，了解最新发展情况，学习和总结地方的做法、成效和发展经验。我们调研组一行先到广州，由广东省政府研究室安排，与省直有关部门进行座谈交流，又召开广州市相关部门座谈会，并到广州科学城以及高新技术企业进行调研；到东莞市调研制造业创新发展情况，与市直部门座谈交流，并到几个工业制造企业调研；最后一站到深圳，召开政府相关部门座谈交流会，重点到华为、腾讯、比亚迪等高科技创新型大企业深入调研，并到"双创"基地实地考察，游览城市建设发展景象，与当地同志进行了深入交流。

这次广东之行，给我们留下了深刻印象。近些年来，广东作为中国经济第一大省、中国改革开放的前沿地区，经济发展跃上新的高度、进入一个新的发展阶段，"腾笼换鸟"、新旧动能转换取得很大成效，高新技术产业蓬勃发展，经济结构正在不断从全球产业链的中低端向中高端攀升，到处呈现出欣欣向荣的发展景象。正像站在辉煌灿烂的天河广场，看五彩缤纷的曼妙广州塔一样，给人以兴奋、激情和无限遐想之感。

特别是到了深圳，一个充满创新活力的城市，一个最具高科技特色的魅力之城，一个中国改革开放创造奇迹的典范，带给我们前所未有的惊叹、感触和思考。这里经过40多年的快速发展，经济实力已经超过香港，比肩世界排名第40位左右的国家和地区，汇聚了全国各地乃至全世界的创业创新人才，锻造出如华为、腾讯、中兴、比亚迪、大疆等一批世界知名高科技大企业。深圳发展的成功秘诀到底在哪里？这也是全世界都在问的问题。从不同的角度来看，会有各种不同的答案。总的来说，这充分证明了中国改革开放和社会主义市场经济的巨大成功。具体来说，为什么深圳会充满无穷无尽的创新创业的活力和动力？这里的创新创业环境会给人带来哪些重要的感悟和启示？这也正是我们这次到深圳调研思考的问题。我们希望通过深圳调研，能够寻找到这一问题的答案，能够通过深圳创业创新的生动实践，总结深圳创造的做法和经验，为全国各地创新发展提供借鉴和参考。

改革开放 40 年来，深圳从一个靠近香港的小县城，经历"三来一补、两头在外"的加工贸易，逐步转变为"中国硅谷"、"世界创新之都"，实现了"凤凰涅槃"。为什么深圳能够创造创新发展的奇迹，实现经济转型升级？经过几天在深圳的调研，我们深深感受到，一个创新城市的崛起，除了内外因素风云际会之外，从根本上说在于深圳营造良好的创新生态环境，打造创新要素聚集的新高地，从而引爆了一场创新革命。

一、深圳创新发展走在中国和世界前列

近年来，深圳的创新发展引起全世界的瞩目。德国总理默克尔、法国总理菲利普等外国政要来访中国，第一站都是到深圳参观，许多人感叹深圳发展所创造的经济奇迹。穿行在横跨东西的深南大道，可以看到世界级的超高层大厦林立，眼前展现的是一座充满创新活力的国际化现代化大都市正在腾飞的气势。

深圳市在发展中显示出雄厚的经济实力。2017 年深圳经济增长 8.8%，总量达到 22438 亿元，折合 3323 亿美元，位居上海、北京之后排在全国城市第三位，超过新加坡，与香港不相上下。按常住人口计算，人均 GDP 达到 2.71 万美元，位居全国城市前列。其财政收入超过曾经号称"亚洲四小龙"的新加坡、中国香港和中国台湾，可见实力不凡。在全国投资增速普遍下行的情况

下，深圳去年全社会固定资产投资超过 5100 亿元，增长 23.8%，创 1994 年以来新高，其中工业投资增长 27.5%，企业技术改造投资增长 71.9%，可见其后劲很足。

深圳的创新发展不仅走在了全国的前列，也走在了世界的前列，突出表现在：

一大批世界知名创新企业蓬勃兴起。一提起深圳，人们想到的就是许多创新企业。华为、腾讯、中兴、比亚迪、大疆等成为行业翘楚。我们到企业调研，发现华为、腾讯在原有主业的基础上，都在运用互联网、物联网和大数据，致力发展智慧城市管理、智能物流、智能交通、智能医疗、智能教育等新产业；比亚迪在电动汽车的基础上，大力发展"云轨"、"云巴"等城市自动轨道交通。在深圳这片点石成金的土地上，汇聚了 350 多家上市公司，市值超过 10 万亿元；科技型企业超过 3 万家，其中国家级高新技术企业有 1 万多家。深圳的企业密度和产值规模已不亚于美国硅谷。深圳成为全球大型高科技公司、新兴初创企业的聚焦地，从一个"世界工厂"转变为"世界创新之都"。

高科技新兴产业成为经济发展的新引擎。2017 年，新一代信息技术、高端装备制造、生物医药、新能源、新材料、文化创意、海洋经济等战略性新兴产业实现增加值 9183 亿元，对 GDP 增长的贡献率达到 45%；高技术制造业实现增加值 5302 亿元，占规模以上工业增加值比重达到 66%。特别是信息技术、智能制造、数字经济等快速发展，形成新的产业集群。深圳已经跃升为世界上主要的高科技设计和制造业中心，新动能撑起了经济发展的新天地。

科技研发投入达到世界领先水平。2017 年，全社会研发投入超过 900 亿元，占 GDP 比重提升到 4.13%，接近世界第一以色列 4.25% 和第二韩国 4.23% 的水平。深圳一个城市的国际专利申请量就突破 2 万件，分别超过德国和韩国。

总体上看，深圳在创新发展中实现了经济的转型升级，集中表现在结构转换、动力转换和发展方式转换，经济增长由要素驱动、投资驱动向创新驱动转变，科技创新起到了越来越重要的支撑作用，新技术、新产业等蓬勃兴起提供了经济发展的强大新动能。

二、深圳为什么能够成为"世界创新之都"？

英国《经济学人》杂志把中国深圳与美国硅谷相比较，称深圳为"世界创新之都"，并起了一个新的名字叫"硅洲"（Silicon Delta）。也有人说，深圳是企业家和创业者的天堂。深圳之所以能够在创新发展中独领风骚，总结起来主要在以下几个方面：

第一，着力营造市场化创新环境。一个地方经济发展的好坏，最根本的是市场营商环境。一个地方创新的吸引力、凝聚力、动力和活力，最根本的是市场化的创新环境。说到底，就是处理好政府与市场的关系，哪些是政府应该干的，哪些是市场和企业应该干的，需要弄清楚搞明白。调研中人们普遍反映，要创业创新就要来深圳，一大批创业创新人才、企业之所以愿意选择深圳，正是因为这里拥有得天独厚的创业创新生态环境。政府不仅不干预企业的生产经营活动，而且为企业的开办经营提供一切可能的便利条件，为企业提供尽量满意的全方位服务，创造企业公平竞争的市场环境。政府的职责就是做好规划引导、制定政策措施、加强市场监管、提供良好服务。对比其他地方在这些方面的差距，许多在深圳发展的创业创新人士更深刻地感受到这一点。有的企业家说："我在全国跑了不少地方，感觉还是深圳的创业创新环境好。"一位专家说："深圳是一个移民城市，具有广泛的包容性，许多人怀揣创业梦和淘金梦来到深圳，深圳文化中播撒下创新基因。"深圳市今年初进一步加大营商环境改革力度，出台了20项重要措施，涉及投资贸易便利化、降低企业经营成本、解决融资难融资贵、吸引国内外人才、加强产权保护、优化政务服务等多方面内容。

第二，充分发挥创新战略规划的引领作用。深圳市提出建设现代化国际化创新城市和全球创新之都的目标，出台建设国际科技、产业创新中心总体方案，推动实施创新"十大行动计划"。在此基础上，规划布局创新产业体系，打造以自主创新为特征的新兴产业基地，重点发展新一代人工智能、第三代半导体和集成电路、5G通信、大数据、智能制造、基因工程、石墨烯等先导型产业，培育壮大数字经济、平台经济、共享经济。并且加强关键核心技术攻关和应用基础研究，提升原始创新能力，以此实现创新加力和接续发展。

第三，精心打造全方位创新服务体系。在深圳，企业是创新的主体，概括起来有"六个90%"：90%的研发人员在企业，90%的研发机构建在企业，90%的研发投入来源于企业，90%的专利产生于企业，90%以上的重大科技项目发明专利诞生在企业，90%的创新型企业是本土企业。政府为企业创新提供全方位的支持服务，不仅打造了科技公司云集的高新科技园，也形成了与世界500强企业对接的深圳湾超级总部基地。在吸引国内外创新人才方面，实施"孔雀计划"、国际大科技计划，支持国际科技合作项目、深港科技合作项目，建设海外新创中心等。苹果、高通、微软、英特尔、三星等一批国际科技巨头研发中心相继落户深圳。深圳积极推动"大众创业、万众创新"，建设了一些知名的众创空间、创客工厂和创客服务平台。我们前往深圳湾创业广场调研，在这里为创业者提供包括办公租房、招聘人才、产品试验、企业开办、投资信贷等"一条龙"服务，并延伸到创业培训、开业指导、政策咨询、项目评估等多功能、一体化和专业化服务。越来越多的年轻工程师活跃于初创企业，深圳由此成为全球大型高科技公司、新兴初创企业和独立创新者的聚集地。

第四，建立完善的创新产业配套体系。深圳创新的一个巨大优势，就是形成了完善的创新产业链和配套服务。曾经有一个美国人的"惊天大发现"，解释中国制造的产品为什么具有强大的国际竞争力，他原来以为主要在于中国劳动力成本低，加上大量仿造和政府补贴，后来的发现颠覆了他的看法，这里有世界其他地方不具备的非常完善的产业配套体系，比如生产电脑和手机，可以买到所有质优价廉的零配件。一位美国工程师在深圳花了300美元购买所有零配件，完成了自己组装一部 iPhone 6 的梦想，发在网上引起轰动。深圳是中国制造的典型代表，尤其是信息产业配套的完整性和国际化世所罕见。正因为如此，国内外许多研发和创新企业喜欢迁来深圳。阿里巴巴、百度在深圳设立国际运营总部，恒大、乐视等把总部迁到深圳，迈瑞等在深圳安家。

第五，健全创新创业金融支撑体系。创业创新最需要资金支持。深圳着力构建"基础研究＋技术创新＋产业转化＋金融支持"的全链条创新体系，推动形成创新、创业、创客、创投"四创"联动的新格局。在深圳，不是创新人才和项目在找钱，而是反过来钱在找创新人才和项目，不怕你没有钱，就怕你没有好项目。深圳建立起由各种创新投资平台构成的发达的融资体系，政府设立的创新引导基金总额超过1600亿元，一大批创业投资、风险投资、天使投资等投资机构竞相发展，注册资本超过 3 万亿元。特别是为中小科技企业提供包括债权和股权融资、信用评级、担保等完善的融资服务，形成支持创业创新的肥沃土壤。

我们在调研中感到，深圳在创新发展中的一些做法和积累的经验非常宝贵，值得全国其他地方借鉴。当然，深圳市也提出他们在创新发展中仍然面临巨大挑战，特别是与发达国家相比还存在不小差距，缺乏世界一流的高水平大学和科研机构，高端装备、集成电路芯片等关键核心技术受制于人，科研领军人才和高技能人才不足等等，这些都是亟待解决的问题。也有的同志提出，要更好地实现创新发展，还需要解决金融脱实向虚的问题，特别是有效调控房地产市场发展，不能让大量资金都注入房地产领域，而要真正让创新成为最有吸引力的行业和产业，包括吸引资金和人才，这样才能使创新发展行稳致远。

义乌调研报告：关于建设义乌国际商贸改革开放先行示范区的政策建议

浙江义乌有一个响当当的名字——世界小商品之都，全世界的日用品客商都知道义乌，都到义乌来批发小商品，由此而产生的"义乌指数"不但成为国际贸易的"晴雨表"，而且成为美国总统选举的"预测器"。2016年美国总统选举时，美国著名智库和各大媒体都不看好特朗普，而义乌从当时印有希拉里和特朗普名字的商品订货数预测出特朗普会当选，选举结果证明了这一判断的可靠性。

义乌的国际小商品贸易与一般国际商品贸易很不相同。其他地方的一般商品国际贸易都是大宗贸易，因此就形成了集装箱这种很好的运输工具；而义乌国际小商品贸易大多是采用市场采购贸易的形式，一个商户可能采购了很多种商品，数量都没有达到大规模的程度，因此只能采取拼装的形式，即一个集装箱里可能装了好多种商品，这对海关和商检就提出了完全不同的要求。再加上近些年来跨境电商的蓬勃兴起，"市场采购贸易＋跨境电商贸易"就成为一种快速发展的国际商贸新形式，而这对进出口贸易管理提出了新的挑战和要求。

随着义乌的爆发式增长，其经济规模和要素结构发生了巨大变化，经济社会管理的复杂性和难度也越来越大。义乌作为金华市下属的一个县级市，其经济体量已经超过了全国许多地级市，上百万的城市人口已经达到了一个大城市的规模，大量的流动人口特别是国外流动人口对人口管理提出了新的挑战，原有的管理体制机制已很难适应新的发展要求。

正是带着这些问题，2019年12月，我们调研组一行人到浙江义乌进行了一周时间的调研，期间与政府相关部门进行了深入的座谈交流，到国际商贸城、一些重点生产企业和商户、城镇和乡村等进行实地调研，并同当地领导深入交换了意见。这次调研，让我们有很大震撼，看到了我国改革开放以来在义乌这个地方所爆发出来的巨大能量，一个原来贫瘠落后的地方，从"鸡毛换糖"开始，一步一步发展并做大做强"小商品、大市场"，终于让"鸡毛飞上天"、"乌鸦变凤凰"，实现了"凤凰涅槃"和"浴火重生"。现在，在义乌只有你想不到的东西，没有你买不到的商品，国际小商品城中的货物真可谓琳琅满目，让人目不暇接、眼花缭乱，繁华热闹的大街上可以见到世界各国的客商，可以吃到世界各国的饭菜，形成了"各国客商汇义乌，亿万商品通天下"的生动局面。

习近平总书记当年在浙江工作时，曾经非常精辟地把义乌的发展和创造的奇迹概括为："莫名其妙，无中生有，点石成金"。我们在调研中深刻地体会到其深刻喻义。市场经济这只看不见的手，仿佛具有无穷无尽的魔力，能够像魔法棒一样变幻莫测，创造出万千商品和巨大能量，创造出经济发展的伟大传奇！改革开放出生产力！改革开放出高质量和高效率！

义乌的发展在创造奇迹的同时，也遇到了前所未有的新矛盾和新问题。生产力的巨大发展，遇到了已有的生产关系的束缚；经济基础的快速变化，遇到了已有的上层建筑的羁绊。当地干部有一种说法，叫"小马拉大车"、"桌子底下放风筝"、"孙悟空戴着紧箍咒"、"戴着镣铐跳舞"。新问题的核心，说到底就是市场配置资源与行政配置资源的巨大矛盾，如果还是按照县级行政级别来进行海关管理、出入境管理、银行和国际金融信贷管理，甚至人口、公安、教育、医疗、科技、就业、社保等等管理和运行，都将力不从心、难以为继。因此，改革势在必行，发展中遇到的问题必须通过改革和进一步发展来解决，最根本的就是推进以深化国际商贸流通体制改革为核心的一揽子改革，为发展松绑加油助力。

正是带着这样的感受和思考，希望总结义乌发展的成功经验，研究解决发展中遇到的新矛盾和新问题，进一步深入推进义乌国际商贸流动体制改革，制定实施一系列新的大力推进改革的政策措施。这篇调研报告回答了这些问题，提出了新的思考，对推进改革起到了应有的积极作用。

2010年，国务院研究室组织课题组到义乌调研，提出了在义乌进行国际贸易综合改革试点的建议。2011年，国务院批准义乌市国际贸易综合改革试点总体方案。9年之后，我们再次到义乌进行跟踪调研，看到义乌的改革发展成就令人振奋，总的感受是：义乌国际贸易改革发展进入新阶段，面临着新突破，可望实现新跃升。现将有关情况报告如下：

一、义乌发展创造了世界闻名的"中国传奇"

习近平总书记曾经把义乌的发展精炼地概括为："莫名其妙，无中生有，点石成金"。我们在调研中深刻地体会到其深刻喻义。义乌的发展从当年"鸡毛换糖"起步，到现在做到"买全球、卖全球"，成为全球最大的小商品批发市场、世界闻名的国际商贸城，形成"各国客商汇义乌，亿万商品通天下"的格局。从一座座大型商贸城，到宽阔的街道、高大气派的建筑形成的城市天际线；从川流不息的各种肤色的国际客商，到庞大的外来流动人口；从繁华的现代化城镇，到富裕的美丽乡村，展现出一派生机勃勃的发展景象。

义乌全市面积 1105 平方公里，建成区面积 104 平方公里，常住人口 130 多万人，还有 100 多万流动人口，城镇化率达到 78%，2018 年地区生产总值 1248 亿元，同比增长 7%，人均 95795 元，折合近 1.5 万美元，综合实力在全国县市中名列前茅。今年以来经济发展继续保持良好势头，前三季度经济增长 7%，固定资产投资增长 17%，出口增长 9.1%，其中对美出口大幅增长 29.1%。在中美经贸摩擦升级背景下，实现逆势增长十分难得。义乌在发展、改革、开放等方面，都走在了全国前列。突出表现在以下几个方面：

一是以市场采购贸易为代表的国际贸易快速发展。义乌的发展是"小商品、大市场"，出口以市场采购贸易为主，10 万多种商品出口到全世界 100 多个国家和地区，每年举办"中国义乌国际小商品博览会"，年均来义乌外商 55 万人次，有 1.5 万多各国客商常驻义乌，有来自 108 个国家和地区的 5466 人在义乌持证工作。2018 年，义乌小商品市场实现交易额 4524 亿元，出口 2522 亿元，出口额相当于经济总量的 2 倍，超过全国 19 个省份。其中市场采购贸易出口额 2037 亿元，占到全部出口的 80.8%。义乌市场关联全国 200 多万家中小微企业，带动 2000 万以上产业工人就业。义乌出口市场多元化取得积极进展，今年以来对"一带一路"沿线国家出口占到 49.1%，增长 7% 以上，对非洲出口增长近 10%，对中东地区出口增长 8.6%，出口前 10 位的国家分别是印度、美国、伊拉克、沙特、巴西、阿联酋、埃及、菲律宾、阿尔及利亚、马来西亚。出口、进口、转口贸易一体化发展出现新局面，建设保税物流中心，进口额增长达到 10% 以上，快于出口增长；进口商品加工再出口也开始不断发展。义乌已经成为全国市场最发达、国际化程度最高的城市之一。

二是创新国际贸易发展方式取得新突破。今年 1 月，浙江省委、省政府印发《义乌国际贸易综合改革试验区框架方案》，提出了建设世界领先的国际小商品贸易中心、高水平建设"世界小商品之都"的目标任务和创新举措。义乌从 2014 年开始，连续 6 年举办"中国国际电子商务博览会"和"世界电子商务大会"。今年开始实行跨境电商保税进口业务，进口货物品类迅速增长到 1200 多种。邮政和快递包裹量超过深圳，位居全国大中城市第 2 位。与阿里巴巴开展战略合作，推进世界电子贸易平台 eWTP 建设，建立 eWTP 全球创新中心，菜鸟义乌保税仓落户义乌，"菜鸟号"专列正式开通。义乌加快推进跨境电商综合试验区建设，创新"市场采购＋跨境电商"新模式，推动线上线下融合发展，正在带来一场新的商业流通变革，展现出新的商贸发展图景。

三是陆海联动、东西双向开放格局加快形成。义乌积极融入国家"一带一路"倡议，重点打造"义新欧"中欧班列和义甬舟海铁联运大通道。2014年首列"义新欧"义乌到马德里货运班列开通，目前已发展到9个方向，辐射境外44个国家和地区，建成海外仓8个，"一带一路"捷克站、迪拜站、非洲站正在加快建设。今年以来"义新欧"中欧班列平均每天发车已达3列，预计全年发送超过500列。与宁波—舟山港无缝对接，铁海联运班列成为全国最大的外贸班列，实现一天4班常态化运行。一个连通世界、陆海空立体化的对外贸易新格局正在形成。

四是贸工互促助推产业多元化发展。义乌在大力强化商贸立市的同时，着力推动"商贸+"产业发展，包括发展"商贸+物流"、"商贸+服务"、"商贸+工业制造"、"商贸+文化旅游"、"商贸+科技教育"、"商贸+智慧城市"等。国内外商贸带动了物流业快速发展，去年完成货运量7341万吨，同比增长7.8%；出口小商品108万标箱，同比增长15.9%；国内快递业务量达28.1亿件，增长56.1%。网红经济、社交电商等与实体经济加快融合，新批发、新零售、新电商等贸易新业态新模式不断涌现。义乌原来的传统工业主要以外向加工、贴牌生产、来料装配为主，近年来加快发展信息光电、新能源汽车、生物医药、小商品制造等产业，引进吉利汽车发动机、深圳太阳能光电等重大项目。去年全市实现工业增加值348亿元，同比增长10.2%，工业占到全市经济的32%。以商贸为主、"商贸+"产业多元化发展呈现出新局面。

五是"放管服"改革推动营商环境不断优化。义乌市大幅削减行政审批事项，实行保留事项清单式管理。从推行"最多跑一次"到实行"一次不用跑"改革，实行"一站能办"、"一网通办、一网通管、一网通服、一网通商"，全力打造"义网通办"线上办事大厅，让企业和群众办事像网上购物一样方便，手机上网办结率达到90%以上。在全国率先打造"无证明城市"，实行"个人承诺＋信用监管"。义乌是全国首批社会信用体系建设示范城市，实施12分制记分管理制度。建立事中事后监管中心和行政服务中心，打通政府部门及相关机构数据共享，建立数据管理中心。义乌市提出，优化营商环境要做到"有求必应，无事不扰"，"干事不收礼，办事不求人"。义乌提出愿意在这方面与其他城市"打擂台"，这充分体现出他们的勇气和信心。义乌的市场主体总量已突破54万户，其中今年以来新增10.5万户，增长31.8%。市场化改革，充分释放出市场发展的巨大活力。

总结"义乌模式"或"义乌经验"，归结起来，就是以商创富、商通天下，充分发挥市场的巨大活力和魔力，不断改革创新商贸流通方式方法，打造良好的营商环境，把小商品做出大市场，实现商贸流通的市场化、国际化、现代化。

二、建设中国义乌国际商贸改革开放先行示范区的总体思路

义乌发展已经积累起比较雄厚的经济实力，国际商贸改革开

放进入一个新阶段。义乌在国际商贸改革发展中走在全国前列，而且产生了越来越大的世界影响。作为全球最大的小商品批发市场、世界闻名的国际商贸城，义乌成为中国商贸的一张"亮丽名片"。义乌的小商品市场指数，成为世界各国消费市场的晴雨表，反映着市场消费的阴晴冷暖和经济形势的风云变幻。义乌拥有市场采购贸易的独特优势，与蓬勃发展的跨境电商相结合，成为国际贸易的一种新形式，在国内和国际都具有重要的指标性和示范性意义。

义乌"莫名其妙、无中生有、点石成金"创造了奇迹，未来还将"破茧成蝶、浴火重生"创造更大的奇迹。义乌的"买全球、卖全球"市场采购贸易方式，实现了把中国的小商品卖到全世界，同时开始把一些国家的小商品买回到国内，这些方面都取得了不凡的成就。从发展的眼光来看，义乌仍然处在"买全球、卖全球"的初级阶段。下一步，要向着"买全球、卖全球"的高级阶段发展，既把中国的小商品卖到全世界，同时又买全世界的小商品，再卖全世界的小商品，实现完全意义上的"买全球、卖全球"，打造"买全球、卖全球"升级版。这就需要义乌在继续发展出口贸易的同时，更进一步发展进口贸易，同时更大力度发展转口贸易，做到在义乌不仅可以买到全中国的小商品，而且可以买到全世界的小商品，把义乌建成真正意义上的"世界小商品之都"。

义乌的下一步发展，要适应我国深入推进改革开放的新形势，适应世界新一轮工业革命和产业变革的新要求，特别是跨境电子商务发展所带来的商业革命和流通革命，在世界贸易方式变革和世界贸易格局重塑中抢占先机，实现我国国际贸易新的突破和跃升。为此，要从国家改革开放和发展战略的高度，更大力度支持义乌国际贸易改革开放，更大力度简政放权，建设中国义乌国际商贸改革开放先行示范区，让义乌发展积聚的能量、蕴含的潜力、蓬勃的动力和旺盛的活力得到充分释放，在全国和全球贸易中发挥重要的示范和引领作用，带动国家改革开放不断向广度和深度发展。

建设中国义乌国际商贸改革开放先行示范区，就是要按照习近平总书记提出的建设"世界小商品之都"的目标要求，支持义乌在国际商贸领域深入推进改革开放，建设社会主义市场经济体制改革示范区，构建高水平对外开放新体制先行区，建设内陆国际自由贸易港，创新市场采购贸易和跨境电子商务模式，改革国际贸易体制机制和制度，打造"买全球、卖全球"升级版，建设"世界小商品之都"。

三、破解义乌改革开放和发展面临的制约问题

义乌在国际贸易改革开放和发展中面临着比较突出的瓶颈障碍，形象的比喻就是"小马拉大车"、"大脚穿小鞋"，或者叫"桌

子底下放风筝"、"孙悟空戴着紧箍咒"。义乌人有一种不屈不挠、顽强奋斗、敢为天下先的精神，他们有干事创业、改革创新、争先创优的强烈愿望，同时也在一定程度上被捆住了手脚、使不上力气，因此需要在解放思想、改革开放上有更大的突破。

义乌的发展和改革开放面临的突出矛盾和问题，集中表现在"四个严重不相适应"：

一是行政管理能力与经济社会发展水平严重不相适应。义乌经济总量占到金华市的三分之一，市区人口规模超过金华市区，登记在册的外来人口超过100万，全市流动人口是本地户籍人口的1.5倍，2018年境外人员入境共登记55万多人次。总体上看，义乌市的经济规模已达到全国地级城市的中等水平，城市人口达到中等城市甚至接近大城市的规模，但作为一个县级市的行政级别，下属部门只能是科级，管理能力与经济社会发展规模严重不匹配。比如，公安年签发外国人签证和居留许可超过浙江全省三分之一，查处涉外事件接近全省一半。公安人员编制受到限制，无法增加人只好增加更多警犬。作为一个县级市，中小学教师编制也受限，但要负担大量外来人口子女教育，全市缺编教师1273名。义乌正在积极招引复旦大学、中国科学院大学等在义乌设立校区，投资16亿元建设了浙江大学医学院附属第四医院，但由于义乌只是县城，在评定等级、吸引人才等诸多方面面临制约。甚至义乌建高铁站，虽有大量流动人口出行需要，但高铁站规模、票额分配等也因县级市而受到限制。

二是市场监管能力与国际贸易规模严重不相适应。义乌进出口贸易规模已经超过全国 11 个省，国际贸易涉及商务、海关、出入境、外事、边防、铁路、港口、机场，以及金融、财税、公安、安全等众多部门和机构，这些一般都是按照行政级别设立分支机构。义乌作为县级市，多数只能设到科级，远远满足不了市场需要。比如，金融监管方面，义乌全市有银行业金融机构 29 家，证券分支机构 35 家，期货分支机构 7 家，保险分支机构 44 家，小贷公司 9 家，融资性担保公司 6 家，典当行 9 家、民间融资服务中心 2 家，但负责金融监管的是金华银保监分局义乌监管组，只有 7 个人，监管能力受到很大限制。还有，大规模对外贸易遇到越来越多的涉外商事案件，义乌作为县级市，无法设立国际贸易需要的仲裁委、拍卖公司等机构。在与外国部委磋商过程中，义乌级别太低受到很大制约。如"一带一路"贸易捷克站建设，对方专门成立了由总统办公厅主任牵头的对接团队，义乌就很难办。

三是改革开放能力与承接目标任务严重不相适应。义乌承担着多项国家级改革试点任务，需要协调推动的往往是厅级甚至部级单位，特别是国际贸易综合改革的绝大多数事权在国家部委。例如，国务院将义乌国际贸易综合改革试点 18 类 41 项改革任务分解落实到相关部委，要求各部门积极支持义乌推进改革。由于义乌只是一个县处级单位，办一件事需要层层往上做工作，耗费了许多时间和精力成本，甚至被卡在中间无果而终。即使有些中央部委放权的改革事项，义乌作为县级市也无法承接，自主选择的改革事项往上报批也需要一个较长过程。

四是区域空间能力与发展所需资源要素严重不相适应。义乌的快速发展，市场要素聚集规模越来越大，人流、物流、资金流呈现爆炸式增长，外来工商业投资大量增加，但已受到规划、土地、人才等的极大制约。特别是土地约束越来越明显，受制于土地利用总体规划、农用地转用、重大投资项目报批等，许多项目得不到发展。义乌推进土地资源高效配置，推出"亩均论英雄"改革。今年建设用地通过跨省调剂 837 亩，缺口仍高达 2 万亩。目前已招商引资但未落地项目有 16 个，涉及新增建设用地指标 3296 亩。还遇到机场、高铁、陆港、物流园区建设规模所涉及的土地问题，培养人才的高校建设也是如此。最根本的问题，是以行政级别还是以城市能级来配置资源的问题。

四、支持建设中国义乌国际商贸改革开放先行示范区的政策举措

建设中国义乌国际商贸改革开放先行示范区，需要更大力度支持义乌改革开放，更大力度简政放权，从根本上解决生产关系不适应生产力发展、上层建筑不适应经济基础的体制机制障碍问

题。要从几个方面采取突破性的举措：

第一，推进义乌行政管理体制改革。选择义乌作为全国推进行政管理体制改革试点，按照中央四中全会的精神，赋予义乌更大的行政管理权，优化行政区划设置，提高中心城市综合承载和资源优化配置能力，实行扁平化管理，形成高效率组织体系。适应义乌国际贸易规模和发展需要，赋予义乌直接行使设区市权限和国际贸易领域部分行政主体资格，一些管理部门和机构设置可以突破原有的行政级别限制，新事新办，特事特办，赋予更大管理权限。支持在义乌实施综合改革授权试点，探索以清单式批量申请授权方式，一揽子解决经济市场化发展所遇到的瓶颈制约问题。支持义乌开展扩大土地利用跨区域占补平衡试点，解决土地资源紧约束的问题。

第二，建设义乌内陆自由贸易港。按照中央四中全会提出的实施更大范围、更宽领域、更深层次的全面开放，加快自由贸易试验区、自由贸易港等对外开放高地建设的要求，选择义乌作为建设内陆自由贸易港试点，推动义乌国际贸易改革，实现从出口到进口再到转口贸易更大发展。作为前期工作，可以先把义乌纳入中国（浙江）自由贸易试验区，把义乌保税物流中心升格为综合保税区，建设内陆新型口岸。

第三，支持义乌开展市场采购贸易和跨境电子商务模式创新。对国际贸易新业态新模式，要采取包容审慎监管方式，允许义乌在这些方面先行先试，探索建立不同于一般贸易的特殊管理方式。支持义新欧货运班列发展，支持义乌推进"一带一路"国际贸易海外仓、中心站建设。支持义乌机场建设，发展国际航空客运业务，并发展国际货运航空。支持义乌国际客商出入境管理创新发展，支持义乌国际贸易金融结算体系改革发展。

第四，支持义乌建设国际一流营商环境示范城市。义乌在优化营商环境方面走在全国前列，作为国际化城市，应该在优化营商环境方面走在世界前列。要对标国际最优营商环境标准，在推进"放管服"改革方面先行先试，树立榜样，建立标准，在全国乃至全世界起到示范和引领作用。为此，国家有关部门和浙江省都要给予积极支持，创造良好条件。

第五，支持义乌建设"世界小商品之都"的国际样板。义乌应该成为中国改革开放的样板，成为世界贸易发展的样板。义乌要以国际商贸改革开放为中心，全面推进经济社会管理各方面的改革开放，精心打造国际贸易示范城市，建设高品质、高质量发展城市，建设现代智慧城市，建设美丽宜居城市，在推进国家治理体系和治理能力现代化方面发挥引领和示范作用。

附

录

《党政机关公文处理工作条例》

中共中央办公厅、国务院办公厅

（2012年4月16日）

第一章　总　则

　　第一条　为了适应中国共产党机关和国家行政机关（以下简称党政机关）工作需要，推进党政机关公文处理工作科学化、制度化、规范化，制定本条例。

　　第二条　本条例适用于各级党政机关公文处理工作。

　　第三条　党政机关公文是党政机关实施领导、履行职能、处理公务的具有特定效力和规范体式的文书，是传达贯彻党和国家的方针政策，公布法规和规章，指导、布置和商洽工作，请示和答复问题，报告、通报和交流情况等的重要工具。

第四条 公文处理工作是指公文拟制、办理、管理等一系列相互关联、衔接有序的工作。

第五条 公文处理工作应当坚持实事求是、准确规范、精简高效、安全保密的原则。

第六条 各级党政机关应当高度重视公文处理工作，加强组织领导，强化队伍建设，设立文秘部门或者由专人负责公文处理工作。

第七条 各级党政机关办公厅（室）主管本机关的公文处理工作，并对下级机关的公文处理工作进行业务指导和督促检查。

第二章　公文种类

第八条 公文种类主要有：

（一）决议。适用于会议讨论通过的重大决策事项。

（二）决定。适用于对重要事项作出决策和部署、奖惩有关单位和人员、变更或者撤销下级机关不适当的决定事项。

（三）命令（令）。适用于公布行政法规和规章、宣布施行重大强制性措施、批准授予和晋升衔级、嘉奖有关单位和人员。

（四）公报。适用于公布重要决定或者重大事项。

（五）公告。适用于向国内外宣布重要事项或者法定事项。

（六）通告。适用于在一定范围内公布应当遵守或者周知的事项。

（七）意见。适用于对重要问题提出见解和处理办法。

（八）通知。适用于发布、传达要求下级机关执行和有关单位周知或者执行的事项，批转、转发公文。

（九）通报。适用于表彰先进、批评错误、传达重要精神和告知重要情况。

（十）报告。适用于向上级机关汇报工作、反映情况，回复上级机关的询问。

（十一）请示。适用于向上级机关请求指示、批准。

（十二）批复。适用于答复下级机关请示事项。

（十三）议案。适用于各级人民政府按照法律程序向同级人民代表大会或者人民代表大会常务委员会提请审议事项。

（十四）函。适用于不相隶属机关之间商洽工作、询问和答复问题、请求批准和答复审批事项。

（十五）纪要。适用于记载会议主要情况和议定事项。

第三章　公文格式

第九条　公文一般由份号、密级和保密期限、紧急程度、发文机关标志、发文字号、签发人、标题、主送机关、正文、附件说明、发文机关署名、成文日期、印章、附注、附件、抄送机关、印发机关和印发日期、页码等组成。

（一）份号。公文印制份数的顺序号。涉密公文应当标注份号。

（二）密级和保密期限。公文的秘密等级和保密的期限。涉密公文应当根据涉密程度分别标注"绝密""机密""秘密"和保密期限。

（三）紧急程度。公文送达和办理的时限要求。根据紧急程度，紧急公文应当分别标注"特急""加急"，电报应当分别标注"特提""特急""加急""平急"。

（四）发文机关标志。由发文机关全称或者规范化简称加"文件"二字组成，也可以使用发文机关全称或者规范化简称。联合行文时，发文机关标志可以并用联合发文机关名称，也可以单独用主办机关名称。

（五）发文字号。由发文机关代字、年份、发文顺序号组成。联合行文时，使用主办机关的发文字号。

（六）签发人。上行文应当标注签发人姓名。

（七）标题。由发文机关名称、事由和文种组成。

（八）主送机关。公文的主要受理机关，应当使用机关全称、规范化简称或者同类型机关统称。

（九）正文。公文的主体，用来表述公文的内容。

（十）附件说明。公文附件的顺序号和名称。

（十一）发文机关署名。署发文机关全称或者规范化简称。

（十二）成文日期。署会议通过或者发文机关负责人签发的日期。联合行文时，署最后签发机关负责人签发的日期。

（十三）印章。公文中有发文机关署名的，应当加盖发文机关印章，并与署名机关相符。有特定发文机关标志的普发性公文和电报可以不加盖印章。

（十四）附注。公文印发传达范围等需要说明的事项。

（十五）附件。公文正文的说明、补充或者参考资料。

（十六）抄送机关。除主送机关外需要执行或者知晓公文内容的其他机关，应当使用机关全称、规范化简称或者同类型机关统称。

（十七）印发机关和印发日期。公文的送印机关和送印日期。

（十八）页码。公文页数顺序号。

第十条　公文的版式按照《党政机关公文格式》国家标准执行。

第十一条　公文使用的汉字、数字、外文字符、计量单位和标点符号等，按照有关国家标准和规定执行。民族自治地方的公文，可以并用汉字和当地通用的少数民族文字。

第十二条　公文用纸幅面采用国际标准 A4 型。特殊形式的公文用纸幅面，根据实际需要确定。

第四章 行文规则

第十三条 行文应当确有必要，讲求实效，注重针对性和可操作性。

第十四条 行文关系根据隶属关系和职权范围确定。一般不得越级行文，特殊情况需要越级行文的，应当同时抄送被越过的机关。

第十五条 向上级机关行文，应当遵循以下规则：

（一）原则上主送一个上级机关，根据需要同时抄送相关上级机关和同级机关，不抄送下级机关。

（二）党委、政府的部门向上级主管部门请示、报告重大事项，应当经本级党委、政府同意或者授权；属于部门职权范围内的事项应当直接报送上级主管部门。

（三）下级机关的请示事项，如需以本机关名义向上级机关请示，应当提出倾向性意见后上报，不得原文转报上级机关。

（四）请示应当一文一事。不得在报告等非请示性公文中夹带请示事项。

（五）除上级机关负责人直接交办事项外，不得以本机关名义向上级机关负责人报送公文，不得以本机关负责人名义向上级机关报送公文。

（六）受双重领导的机关向一个上级机关行文，必要时抄送另一个上级机关。

第十六条　向下级机关行文，应当遵循以下规则：

（一）主送受理机关，根据需要抄送相关机关。重要行文应当同时抄送发文机关的直接上级机关。

（二）党委、政府的办公厅（室）根据本级党委、政府授权，可以向下级党委、政府行文，其他部门和单位不得向下级党委、政府发布指令性公文或者在公文中向下级党委、政府提出指令性要求。需经政府审批的具体事项，经政府同意后可以由政府职能部门行文，文中须注明已经政府同意。

（三）党委、政府的部门在各自职权范围内可以向下级党委、政府的相关部门行文。

（四）涉及多个部门职权范围内的事务，部门之间未协商一致的，不得向下行文；擅自行文的，上级机关应当责令其纠正或者撤销。

（五）上级机关向受双重领导的下级机关行文，必要时抄送该下级机关的另一个上级机关。

第十七条　同级党政机关、党政机关与其他同级机关必要时可以联合行文。属于党委、政府各自职权范围内的工作，不得联合行文。

党委、政府的部门依据职权可以相互行文。

部门内设机构除办公厅（室）外不得对外正式行文。

第五章　公文拟制

第十八条　公文拟制包括公文的起草、审核、签发等程序。

第十九条　公文起草应当做到：

（一）符合党的理论路线方针政策和国家法律法规，完整准确体现发文机关意图，并同现行有关公文相衔接。

（二）一切从实际出发，分析问题实事求是，所提政策措施和办法切实可行。

（三）内容简洁，主题突出，观点鲜明，结构严谨，表述准确，文字精练。

（四）文种正确，格式规范。

（五）深入调查研究，充分进行论证，广泛听取意见。

（六）公文涉及其他地区或者部门职权范围内的事项，起草单位必须征求相关地区或者部门意见，力求达成一致。

（七）机关负责人应当主持、指导重要公文起草工作。

第二十条　公文文稿签发前，应当由发文机关办公厅（室）进行审核。审核的重点是：

（一）行文理由是否充分，行文依据是否准确。

（二）内容是否符合党的理论路线方针政策和国家法律法规；

是否完整准确体现发文机关意图；是否同现行有关公文相衔接；所提政策措施和办法是否切实可行。

（三）涉及有关地区或者部门职权范围内的事项是否经过充分协商并达成一致意见。

（四）文种是否正确，格式是否规范；人名、地名、时间、数字、段落顺序、引文等是否准确；文字、数字、计量单位和标点符号等用法是否规范。

（五）其他内容是否符合公文起草的有关要求。

需要发文机关审议的重要公文文稿，审议前由发文机关办公厅（室）进行初核。

第二十一条　经审核不宜发文的公文文稿，应当退回起草单位并说明理由；符合发文条件但内容需作进一步研究和修改的，由起草单位修改后重新报送。

第二十二条　公文应当经本机关负责人审批签发。重要公文和上行文由机关主要负责人签发。党委、政府的办公厅（室）根据党委、政府授权制发的公文，由受权机关主要负责人签发或者按照有关规定签发。签发人签发公文，应当签署意见、姓名和完整日期；圈阅或者签名的，视为同意。联合发文由所有联署机关的负责人会签。

第六章　公文办理

第二十三条　公文办理包括收文办理、发文办理和整理归档。

第二十四条　收文办理主要程序是：

（一）签收。对收到的公文应当逐件清点，核对无误后签字或者盖章，并注明签收时间。

（二）登记。对公文的主要信息和办理情况应当详细记载。

（三）初审。对收到的公文应当进行初审。初审的重点是：是否应当由本机关办理，是否符合行文规则，文种、格式是否符合要求，涉及其他地区或者部门职权范围内的事项是否已经协商、会签，是否符合公文起草的其他要求。经初审不符合规定的公文，应当及时退回来文单位并说明理由。

（四）承办。阅知性公文应当根据公文内容、要求和工作需要确定范围后分送。批办性公文应当提出拟办意见报本机关负责人批示或者转有关部门办理；需要两个以上部门办理的，应当明确主办部门。紧急公文应当明确办理时限。承办部门对交办的公文应当及时办理，有明确办理时限要求的应当在规定时限内办理完毕。

（五）传阅。根据领导批示和工作需要将公文及时送传阅对象阅知或者批示。办理公文传阅应当随时掌握公文去向，不得漏传、误传、延误。

（六）催办。及时了解掌握公文的办理进展情况，督促承办部门按期办结。紧急公文或者重要公文应当由专人负责催办。

（七）答复。公文的办理结果应当及时答复来文单位，并根据需要告知相关单位。

第二十五条 发文办理主要程序是：

（一）复核。已经发文机关负责人签批的公文，印发前应当对公文的审批手续、内容、文种、格式等进行复核；需作实质性修改的，应当报原签批人复审。

（二）登记。对复核后的公文，应当确定发文字号、分送范围和印制份数并详细记载。

（三）印制。公文印制必须确保质量和时效。涉密公文应当在符合保密要求的场所印制。

（四）核发。公文印制完毕，应当对公文的文字、格式和印刷质量进行检查后分发。

第二十六条 涉密公文应当通过机要交通、邮政机要通信、城市机要文件交换站或者收发件机关机要收发人员进行传递，通过密码电报或者符合国家保密规定的计算机信息系统进行传输。

第二十七条 需要归档的公文及有关材料，应当根据有关档案法律法规以及机关档案管理规定，及时收集齐全、整理归档。两个以上机关联合办理的公文，原件由主办机关归档，相关机关保存复制件。机关负责人兼任其他机关职务的，在履行所兼职务过程中形成的公文，由其兼职机关归档。

第七章　公文管理

第二十八条　各级党政机关应当建立健全本机关公文管理制度，确保管理严格规范，充分发挥公文效用。

第二十九条　党政机关公文由文秘部门或者专人统一管理。设立党委（党组）的县级以上单位应当建立机要保密室和机要阅文室，并按照有关保密规定配备工作人员和必要的安全保密设施设备。

第三十条　公文确定密级前，应当按照拟定的密级先行采取保密措施。确定密级后，应当按照所定密级严格管理。绝密级公文应当由专人管理。

公文的密级需要变更或者解除的，由原确定密级的机关或者其上级机关决定。

第三十一条　公文的印发传达范围应当按照发文机关的要求执行；需要变更的，应当经发文机关批准。

涉密公文公开发布前应当履行解密程序。公开发布的时间、形式和渠道，由发文机关确定。

经批准公开发布的公文，同发文机关正式印发的公文具有同等效力。

第三十二条 复制、汇编机密级、秘密级公文，应当符合有关规定并经本机关负责人批准。绝密级公文一般不得复制、汇编，确有工作需要的，应当经发文机关或者其上级机关批准。复制、汇编的公文视同原件管理。

复制件应当加盖复制机关戳记。翻印件应当注明翻印的机关名称、日期。汇编本的密级按照编入公文的最高密级标注。

第三十三条 公文的撤销和废止，由发文机关、上级机关或者权力机关根据职权范围和有关法律法规决定。公文被撤销的，视为自始无效；公文被废止的，视为自废止之日起失效。

第三十四条 涉密公文应当按照发文机关的要求和有关规定进行清退或者销毁。

第三十五条 不具备归档和保存价值的公文，经批准后可以销毁。销毁涉密公文必须严格按照有关规定履行审批登记手续，确保不丢失、不漏销。个人不得私自销毁、留存涉密公文。

第三十六条 机关合并时，全部公文应当随之合并管理；机关撤销时，需要归档的公文经整理后按照有关规定移交档案管理部门。

工作人员离岗离职时，所在机关应当督促其将暂存、借用的公文按照有关规定移交、清退。

第三十七条 新设立的机关应当向本级党委、政府的办公厅

（室）提出发文立户申请。经审查符合条件的，列为发文单位，机关合并或者撤销时，相应进行调整。

第八章　附　则

第三十八条　党政机关公文含电子公文。电子公文处理工作的具体办法另行制定。

第三十九条　法规、规章方面的公文，依照有关规定处理。外事方面的公文，依照外事主管部门的有关规定处理。

第四十条　其他机关和单位的公文处理工作，可以参照本条例执行。

第四十一条　本条例由中共中央办公厅、国务院办公厅负责解释。

第四十二条　本条例自 2012 年 7 月 1 日起施行。1996 年 5 月 3 日中共中央办公厅发布的《中国共产党机关公文处理条例》和 2000 年 8 月 24 日国务院发布的《国家行政机关公文处理办法》停止执行。

中共中央办公厅
《关于在全党大兴调查研究的工作方案》

为深入学习贯彻习近平新时代中国特色社会主义思想，全面贯彻落实党的二十大精神，党中央决定，在全党大兴调查研究，作为在全党开展的主题教育的重要内容，推动全面建设社会主义现代化国家开好局起好步。现制定如下工作方案。

一、重要意义

调查研究是我们党的传家宝。党的十八大以来，以习近平同志为核心的党中央高度重视调查研究工作，习近平总书记强调指出，调查研究是谋事之基、成事之道，没有调查就没有发言权，没有调查就没有决策权；正确的决策离不开调查研究，正确的贯彻落实同样也离不开调查研究；调查研究是获得真知灼见的源头活水，是做好工作的基本功；要在全党大兴调查研究之风。习近平总书记这些重要指示，深刻阐明了调查研究的极端重要性，为全党大兴调查研究、做好各项工作提供了根本遵循。

当前，我国发展面临新的战略机遇、新的战略任务、新的战略阶段、新的战略要求、新的战略环境。世界百年未有之大变局加速演进，不确定、难预料因素增多，国内改革发展稳定面临不少深层次矛盾躲不开、绕不过，各种风险挑战、困难问题比以往更加严峻复杂，迫切需要通过调查研究把握事物的本质和规律，找到破解难题的办法和路径。在全党大兴调查研究，是深入学习贯彻习近平新时代中国特色社会主义思想、感悟这一重要思想的真理力量和实践伟力的必然要求，是深刻领悟"两个确立"的决定性意义、坚决做到"两个维护"的具体实践，是应对新时代新征程前进路上的风浪考验、推进中国式现代化的有力举措，是时刻保持解决大党独有难题的清醒和坚定、回答"六个如何始终"的现实需要，是转变工作作风、密切联系群众、提高履职本领、强化责任担当的有效途径。

二、总体要求

在全党大兴调查研究，要坚持以习近平新时代中国特色社会主义思想为指导，全面贯彻落实党的二十大精神，紧紧围绕党的理论和路线方针政策、党中央重大决策部署的贯彻执行，大力弘扬党的光荣传统和优良作风，突出问题导向和目标导向，促进广大党员、干部特别是领导干部带头深入调查研究，不断深化对党的创新理论的认识和把握，善于运用党的创新理论研究新情况、解决新问题、总结新经验、探索新规律，扑下身子干实事、谋实招、求实效，使调查研究工作同中心工作和决策需要紧密结合起来，更好为科学决策服务，为提高党的执政能力和领导水平服务，为完成新时代新征程的使命任务服务。

在全党大兴调查研究，必须坚持党的群众路线，从群众中来、到群众中去，增进同人民群众的感情，真诚倾听群众呼声、真实反映群众愿望、真情关心群众疾苦，自觉向群众学习、向实践学习，从人民的创造性实践中获得正确认识，把党的正确主张变为群众的自觉行动。必须坚持实事求是，坚守党性原则，一切从实际出发，理论联系实际，听真话、察实情，坚持真理、修正错误，有一是一、有二是二，既报喜又报忧，不唯书、不唯上、只唯实。必须坚持问题导向，增强问题意识，敢于正视问题、善于发现问题，以解决问题为根本目的，真正把情况摸清、把问题找准、把对策提实，不断提出真正解决问题的新思路新办法。必须坚持攻坚克难，发扬斗争精神，增强斗争本领，勇于涉险滩、破难题，知难而进、迎难而上，把调查研究成果转化为推进工作、战胜困难的实际成效。必须坚持系统观念，深入实际、深入基层、深入群众调查了解情况，把握好全局和局部、当前和长远、宏观和微观、主要矛盾和次要矛盾、特殊和一般的关系，前瞻性思考、全局性谋划、整体性推进党和国家各项事业。

三、调研内容

在全党大兴调查研究，要紧紧围绕全面贯彻落实党的二十大精神、推动高质量发展，直奔问题去，实行问题大梳理、难题大排查，着力打通贯彻执行中的堵点淤点难点。各级党委（党组）要立足职能职责，围绕做好事关全局的战略性调研、破解复杂难题的对策性调研、新时代新情况的前瞻性调研、重大工作项目的跟踪性调研、典型案例的解剖式调研、推动落实的督察式调研，突出重点、直击要害，结合实际确定调研内容。主要是12个方面。

1. 贯彻落实党中央决策部署和习近平总书记对本地区本部门本领域工作重要指示批示精神的主要情况和重点问题。

2. 贯彻新发展理念、构建新发展格局、推动高质量发展中的重大问题，推进高水平科技自立自强，扩大国内需求、深化供给侧结构性改革、建设现代化产业体系、落实"两个毫不动摇"、吸引和利用外资，全面推进乡村振兴中的主要情况和重点问题。

3. 统筹发展和安全，确保粮食、能源、产业链供应链、生产、食品药品、公共卫生等安全，防范化解重大经济金融风险中的主要情况和重点问题。

4. 全面深化改革开放中的重大问题，重要领域和关键环节改革、推进高水平对外开放中的主要情况和重点问题。

5. 全面依法治国中的重大问题，完善中国特色社会主义法律体系、推进依法行政、严格公正司法、建设法治社会等主要情况和重点问题。

6. 意识形态领域面临的挑战，推进文化自信自强、建设社会主义文化强国和新闻舆论引导、网络综合治理中的主要情况和重点问题。

7. 推进共同富裕、增进民生福祉中的重大问题，巩固拓展脱贫攻坚成果、缩小城乡区域发展差距和收入分配差距的主要情况和重点问题。

8. 人民最关心最直接最现实的利益问题，特别是就业、教育、医疗、托育、养老、住房等群众急难愁盼的具体问题。

9. 牢固树立和践行绿水青山就是金山银山理念方面的差距和不足，推进美丽中国建设、保护生态环境和维护生态安全中的主要情况和重点问题。

10. 维护社会稳定中的重大问题，防灾减灾救灾和重大突发公共事件处置保障短板，处理新形势下人民内部矛盾和强化社会治安整体防控的主要情况和重点问题。

11. 全面从严治党中的重大问题，落实党的领导弱化虚化淡化、党组织政治功能和组织功能不够强，干事创业精气神不足、不担当不作为，应对"黑天鹅"、"灰犀牛"事件和防范化解风险能力不强，形式主义、官僚主义，特权思想和特权行为等重点问题。

12.本地区本部门本单位长期未解决的老大难问题。

四、方法步骤

在全党大兴调查研究，分为 6 个步骤。

（一）提高认识。各级党委（党组）要通过理论学习中心组学习、读书班等，组织党员、干部深入学习领会习近平总书记关于调查研究的重要论述，学习习近平总书记关于本地区本部门本领域的重要讲话和重要指示批示精神，继承和发扬老一辈革命家深入基层调查研究的优良作风，增强做好调查研究的思想自觉、政治自觉、行动自觉。

（二）制定方案。各级党委（党组）要围绕调研内容，结合本地区本部门本单位实际，广泛听取各方面意见，研究制定调查研究的具体方案，明确调研的项目课题、方式方法和工作要求等，统筹安排、合理确定调研的时间、地点、人员。党委（党组）主要负责同志要亲自主持制定方案。

（三）开展调研。县处级以上领导班子成员每人牵头 1 个课题开展调研，同时，针对相关领域或工作中最突出的难点问题进行专项调研。要坚持因地制宜，综合运用座谈访谈、随机走访、问卷调查、专家调查、抽样调查、统计分析等方式，充分运用互联网、大数据等现代信息技术开展调查研究，提高科学性和实效性。要深入农村、社区、企业、医院、学校、新经济组织、新社会组织等基层单位，掌握实情、把脉问诊，问计于群众、问计于实践。要转换角色、走进群众，了解群众的烦心事操心事揪心事，发现和查找工作中的差距不足。要结合典型案例，分析问题、剖析原因，举一反三采取改进措施。要加强督查调研，检查工作是否真正落实、问题是否真正解决。

（四）深化研究。全面梳理汇总调研情况，运用习近平新时代中国特色社会主义思想的世界观、方法论和贯穿其中的立场观点方法，进行深入分析、充分论证和科学决策。特别是对那些具有普遍性和制度性的问题、涉及改革发展稳定的深层次关键性问题，以及难题积案和顽瘴痼疾等，要研究透彻、找准根源和症结。在此基础上，领导班子交流调研情况，研究对策措施，形成解决问题、促进工作的思路办法和政策举措，确保每个问题都有务实管用的破解之策。

（五）解决问题。对调研中反映和发现的问题，逐一梳理形成问题清单、责任清单、任务清单，逐一列出解决措施、责任单位、责任人和完成时限。对短期能够解决的，立行立改、马上就办。

对一时难以解决、需要持续推进的，明确目标，紧盯不放，一抓到底，做到问题不解决不松劲、解决不彻底不放手。

（六）督查回访。各级党委（党组）要建立调研成果转化运用清单，加强对调研课题完成情况、问题解决情况的督查督办和跟踪问效；领导干部要定期对调研对象和解决问题等事项进行回访，注意发现和解决新的问题。

五、工作要求

（一）加强组织领导。各级党委（党组）要高度重视调查研究工作，作出专门部署，科学精准做好方案设计、过程实施、监督问效等各个环节工作。党委（党组）主要负责同志负总责，抓好本地区本部门本单位调查研究的推进落实；班子其他成员各负其责，抓好分管领域和分管单位的调查研究工作。领导干部要带头开展调查研究，改进调研方法，以上率下、作出示范。

（二）严明工作纪律。调查研究要严格执行中央八项规定及其实施细则精神，轻车简从，厉行节约，不搞层层陪同。要采取"四不两直"方式，多到困难多、群众意见集中、工作打不开局面的地方和单位开展调研，防止嫌贫爱富式调研。要加强调研统筹，避免扎堆调研、多头调研、重复调研，不增加基层负担。要力戒形式主义、官僚主义，不搞作秀式、盆景式和蜻蜓点水式调研，防止走过场、不深入。要在调查的基础上深化研究，防止调查多研究少、情况多分析少，提出的对策建议不解决实际问题。对违反作风建设要求和廉洁自律规定的，要依规依纪严肃问责。

（三）坚持统筹推进。对表现在基层、根子在上面的问题，对涉及多个地区或部门单位的问题，上下协同、整体推动解决。统筹当前和长远，发现总结调查研究的有效做法和成功经验，完善调查研究的长效机制，使调查研究成为党员、干部的经常性工作，在全党蔚然成风、产生实效。

（四）加大宣传力度。充分利用党报、党刊、电视台、广播电台、网络传播平台等，采取多种多样的宣传形式和手段，大力宣传大兴调查研究的重要意义和各地区各部门各单位大兴调查研究的具体举措、实际成效，凝聚起大兴调查研究的共识和力量，营造浓厚氛围。

（《人民日报》2023 年 3 月 20 日第 1 版）

后 记

我从 1997 年到国务院研究室工作，至今已有 20 多年，先后在综合司和信息司任副司长、巡视员、司长，其间参与了大量调查研究和文稿起草工作，积累了一些自己的感受和体会。受邀到国家行政学院、有关部委和地方讲过这方面的问题，与大家一起进行交流。现在，由中国言实出版社把这几篇文稿编印成册，也算是一个工作总结吧。

我手头有一本书《怎样写文章》，是由国务院研究室原主任王梦奎同志编著的，其中收录了许多文章大家的经验之谈，这本书修订再版了几次，受到读者特别是从事政策研究同志的普遍欢迎，我也从中受益良多。知道了文章有四种：浅入浅出；浅入深出；深入深出；深入浅出，而最好的文章就是深入浅出。要将文章写得深入浅出、清楚明白、简短精练、生动活泼等，这些说起来容易做起来难。写文章是一件苦差事，同任何一门精湛技艺一样，都需要一种忘我投入、修炼悟道和精益求精的工匠精神。王国维先生曾经提出治学三境界，"古今之成大事业、大学问者，必经过三种之境界。'昨夜西风凋碧树，独上高楼，望尽天涯路'，此第一境也。'衣带渐宽终不悔，为伊消得人憔悴'，此第二境也。'众里寻他千百度，蓦然回首，那人却在，灯火阑珊处'，此第三境也。"治学如是，写文章亦如是。

有人问我："世界上最难写的文章是什么？"我的体会是：世界上最难写的文章不是写自己的文章，而是写别人的文章，尤其是写领导的讲话文稿。因为你要站在别人的角度，特别是要站在领导的高度来考虑问题，甚至是出谋划策，真正是"身为小兵，敢为帅谋"。调研报告和讲话文稿不同于一般的写文章，它的读者是领导，讲话又主要是用来听的而不是用来看的，你要以最简短的话把最复杂的问题讲得最清楚明白，而且要抓住重点直击要害，更重要的是提出有价值、切实可行的政策建议，特别是要出真主意好主意，这可以说是一种智力极限的考验。平凡如我辈，自有一种苦思冥想、千转百回、诚惶诚恐的感觉。

有一位对调查研究和讲话文稿颇有心得的同志对我说，许多所谓写作技巧都属于"术"的层次，真正高层次的是达到"道"的境界，而这要靠"悟"，成为"悟道之人"。我深以为然，但知道这又谈何容易。从事调查研究和文稿起草这一行的同志，在工作中都积累了丰富的经验，但这方面的交流还显太少。如今编辑出版这样一本小书，真诚地希望能起到抛砖引玉、"如切如磋，如琢如磨"的作用。

在本书付梓之际，我要特别感谢国务院研究室主任黄守宏同志，他是这方面的专家型领导，所作的序言对做好调查研究具有指导意义。感谢中国言实出版社王昕朋社长、朱艳华总编辑，他们积极审定了本书选题。感谢我的同事兼好友鹿生伟同志，她对本书作了认真校改，修改了一些文字错误。感谢责任编辑肖彭、文字编辑赵歌、责任校对张朕、出版统筹冯素丽、责任印刷佟贵兆等同志，他们为本书出版付出了许多辛劳。

最后还想说一句多余的话，感谢我的家人。我们的工作性质决定了很少有节假日和周末休息，"黄金周"提前订好的票到时加班又只好取消了，每天晚上能够按时回家吃饭都是奢求。有她们的理解，我才能稍许感到些安慰。

刘应杰

2020年1月于国务院研究室

后记补记

2020 年本书出版后，受到各方面读者特别是从事调查研究和文稿起草工作的同志欢迎，出版社加印过几次。近期，党中央决定在全党大兴调查研究，中央办公厅印发了《关于在全党大兴调查研究的工作方案》，对开展调查研究工作提出了明确要求。出版社约我对本书加以修改完善，刚好这几年受邀到一些部委和地方作关于调查研究和文稿起草的报告，发现书稿中一些不足之处，也有了更多新的思考。这次修改增加了一些新的内容，如《从政府工作报告看调查研究和政策制定》、《关于智库研究的经验与体会》、《关于国家高端智库建设与政策研究咨询的思考》，并增加了 3 篇国外考察报告和 2 篇国内调研报告，期待得到读者更多的批评指正。

这里要特别感谢中国言实出版社冯文礼社长、朱艳华总编辑，他们积极推动本书修订版的编辑出版；感谢责任编辑郭江妮女士，她为本书编校出版付出了许多辛劳；感谢责任校对王建玲女士，她保证了书稿的文字书稿。

刘应杰

2023 年 4 月 20 日补记